# PEDAGOGÍA PARA PENSAR

## UNA PROPUESTA DESDE LA DANZA Y EL TEATRO

Claudia Patricia Gallo Castro
Egnan Yesid Álvarez Cruz
Henry Wilson León Calderón
Javier Alfonso Delgadillo Molano

**Pedagogía para pensar**
**Una apuesta desde la danza y el teatro**

© Claudia Patricia Gallo Castro
  Egnan Yesid Álvarez Cruz
  Henry Wilson León Calderón
  Javier Alfonso Delgadillo Molano

© Cooperativa Editorial Magisterio
  Diagonal 36 Bis No. 20-58 Park Way - Soledad
  Bogotá, D.C. - Colombia
  PBX: (0571) 338-3605(06)
  www.magisterio.com.co

Libro ISBN : 978-958-20-1297-7

Primera edición: 2018



*Catalogación en la publicación – Biblioteca Nacional de Colombia*

> Pedagogía para pensar: una apuesta desde la danza y el teatro / Claudia Patricia Gallo Castro … [et al.]. -- 1a. ed. – Bogotá: Editorial Magisterio, 2018.
>
> 108 páginas; 24 cm.
>
> Incluye bibliografía.
>
> ISBN 978-958-20-1297-7
>
> 1. Teatro – Enseñanza 2. Danza – Enseñanza 3. Artes escénicas - Enseñanza I. Gallo Castro, Claudia Patricia
>
> CDD: 372.66 ed. 23
>
> CO-BoBN– a1017879

# PEDAGOGÍA PARA PENSAR

## UNA PROPUESTA DESDE LA DANZA Y EL TEATRO

Claudia Patricia Gallo Castro
Egnan Yesid Álvarez Cruz
Henry Wilson León Calderón
Javier Alfonso Delgadillo Molano

# PREFACIO

La Asociación de Licenciados en Danza y Teatro, siendo ganadora de la Beca de Investigación Arte y Cultura en la Educación, del Programa Distrital de Estímulos de la Secretaría de Cultura de Bogotá, retomó ejercicios de investigación anteriores en torno a diferentes miradas sobre el quehacer escénico de la danza y del teatro en la escuela. Principalmente, aquellos procesos metodológicos y didácticos en los que el cuerpo, la palabra, el espacio, el arte y el pensamiento ubican lugares potentes de desarrollo conceptual en el aula. Se presenta así, la oportunidad de acercar, confrontar y convocar otras experiencias artísticas y prácticas educativas como lugar de reflexión dentro de la pedagogía y del pensamiento en la educación artística.

# ÍNDICE

# INTRODUCCIÓN

El sentido de la danza y el teatro en el escenario educativo estimula el presente recorrido, que abarca -desde su esencia-, una revisión epistemológica, conceptual y artística, que vincula la experiencia pedagógica con la educación artística en la escuela. La vivencia propia de cada experiencia pedagógica desde y con la danza y el teatro, junto a la formación disciplinar de quien lidera un proceso pedagógico, forma un tejido de realidades en el mundo escolar, habitado por objetivos, propósitos, preguntas, justificaciones, estrategias, procesos, proyectos, resultados y expectativas. El sentido que tiene la danza y el teatro en el escenario educativo, a su vez, contiene la intención de examinarse indagando ¿de qué manera la práctica escolar de la danza y el teatro es fundamento para construir en la escuela una pedagogía para pensar?

Al ser parte de la historia, los licenciados en danza y teatro, como los primeros profesionales en pedagogía de las artes escénicas en el país, encuentran un cúmulo de dificultades, preguntas y -por supuesto-, algunas respuestas frente al devenir del teatro y la danza en la escuela, que preserva una mirada desinteresada de la educación artística, como parte fundamental de la formación de los sujetos. Desde esta experiencia de búsqueda y encuentro de alternativas es que en diferentes colegios oficiales, principalmente del distrito capital, se logran reconocer algunos elementos comunes en la danza y el teatro en la escuela, que buscan comprender aquello que pasa por la mente de los estudiantes durante el desarrollo y vivencia de su experiencia en artes escénicas. Se trata, entonces, de presentar algunas características fundamentales sobre cómo se produce el proceso creativo en danza y teatro, proceso que conduce a identificar y analizar formas alternativas de ver, sentir, vivir y experimentar esa capacidad de expresar desde el cuerpo, la palabra, la acción y el sonido, para aprender y develar la realidad imperante en cada actualidad cambiante.

Por tanto, se ofrece una perspectiva a la construcción de saberes, a la búsqueda de una pedagogía para pensar; una propuesta ubicada en el saber artístico del teatro y de la danza, encaminada a fortalecer el saber hacer que se devela y se decanta en las diversas proposiciones escénicas, donde la danza y el teatro son los protagonistas e innovadores en el aula.

# CAPÍTULO I

## Panorama histórico

La educación artística lleva décadas sin ser considerada en las decisiones políticas del país. En un principio llamada educación estética y manualidades, pasó en los últimos años a ser tema de debate, para que esta disciplina lograra un lugar de importancia en la escuela. A continuación, se hace un breve recorrido que enmarca el panorama actual de las prácticas educativas.

Hacer una revisión a la normatividad es instalar las pretensiones que ha instituido la educación en el país y con ello reconocer el programa de educación para las artes escénicas. En su pluralidad, el programa reconoce la identidad y las tradiciones populares del pueblo colombiano, y lo asume como la base argumentativa que permite crear una Licenciatura en Danzas y Teatro dentro de la Universidad Antonio Nariño. Las visionarias y fundadoras del programa fueron las maestras Delia Zapata y Rosario Montaña, quienes centraron su importancia en la capacidad expresiva y sensible del cuerpo en y para la educación del país.

La tarea de mantener vigente la formación de los estudiantes en educación artística, según las normativas en el tema, incluye la Ley General de Educación, (115 del 8 febrero de 1994), artículo 23, numeral 3, la cual define la educación artística como área obligatoria y fundamental en el currículo escolar. También, la Ley General de Cultura, 397 de 1997, que establece –además–, un compromiso de la educación artística con la cultura, (artículo 65 que modifica el artículo 23 de la ley de educación), y propone la obligatoriedad de la formación cultural como aspecto fundamental en los colegios. Esto conlleva a que la educación artística tenga mayor profundidad, apertura y compromiso en la formación integral, ya que abarca tanto el ámbito de lo artístico como el cultural, y se le nomina, a partir de 1997, como Educación Artística y Cultural.

Estas leyes constituyen, en perspectiva, el desarrollo del marco de principios, derechos y ejercicio de las libertades amparadas por la constitución de 1991. Esta promulgación de leyes, particularmente la de Educación y Cultura, otorga valor e importancia a la formación en las expresiones artísticas y culturales de la sociedad colombiana desde la escuela.

La constitución nacional reconoce y protege la diversidad étnica y cultural de la Nación (Art.7); "garantiza las libertades de enseñanza, aprendizaje, investigación y cátedra"(Art.27); igualmente el derecho a la educación de cada persona ya que "tiene una función social; con ella se busca el acceso al conocimiento… y a los demás bienes y valores de la cultura" (Art. 67). "El Estado tiene el deber de promover y fomentar el acceso a la cultura de todos los colombianos en igualdad de oportunidades, por medio de la educación permanente y la enseñanza científica, técnica, artística y profesional en todas las etapas del proceso de creación de la identidad nacional" (Art. 70); asimismo asegura que "la búsqueda del conocimiento y la expresión artística son libres…" (Art. 71).

Es en este contexto legal y jurídico donde se busca materializar en el aula los propósitos de la educación artística y cultural. Sin embargo, ella ha sido asumida al amparo de las decisiones de cada maestro de artes, mediadas por la formación, experiencia y expectativas de cada profesor. Si bien se dan múltiples enfoques de cada programa, propiciando la diversidad, también es cierto que los cambios generales en las estructuras de la formación de formadores (licenciaturas) para el país, la asignación de un maestro de artes que depende del número de estudiantes y de cursos que tenga el colegio (fundamentalmente en educación primaria), así como la infraestructura física necesaria, son factores que inciden al momento de dar respuesta a un mejor ejercicio de la práctica profesional en la educación artística.

La estructura normativa enmarca unas formas de concretar en el aula la práctica de estrategias a fin de construir un saber expresivo y sensible, pero la norma genera restricciones y, en ocasiones, es contraproducente para los propósitos que ella enmarca. Tal es el caso del parámetro de maestros de artes, educación física, informática y tecnología y segunda lengua, que no está considerado en el caso de primaria como lo establece en el decreto 3020 de 2002, del Ministerio de Educación Nacional.

Aun así, el nombramiento de uno o varios de estos maestros de artes, no siempre corresponde con su formación en pregrado, sino a las condiciones y particularidades que implica tanto para el maestro como para el colegio. Es el caso de la educación primaria, donde algunos docentes, al quedar sin asignación académica, aceptan la plaza en un área que no es de su formación, esto con el propósito de salvaguardar algunas condiciones laborales como sitio de trabajo (cercanía al lugar de vivienda) o jornada laboral (mañana o tarde). Esto es un indicio de cómo se percibe la educación artística y la importancia que tiene para el colegio e incluso para el docente. Estos docentes, generalmente, desarrollan actividades que no corresponden con una mirada pedagógica, de proceso, de transformación de la capacidad expresiva y de desarrollo de la sensibilidad, sino que se limitan a realizar actividades que mantengan ocupados a los estudiantes y cubran el tiempo dispuesto para el área o para la asignatura.

A pesar de que todo esto ocurre en la práctica cotidiana de la escuela, la Constitución y las leyes de educación y cultura reconocen en la educación artística y cultural una función primordial en la educación de los sujetos en cada una de las comunidades. A través de ella, se logra construir y consolidar dinámicas propias que fortalecen las manifestaciones expresivas y legitiman a cada sujeto en su contexto y territorio. A partir de estas reflexiones es que se busca hacer evidente que la pedagogía para pensar en educación artística se muestra como un modo de accionar en el aula, para que se cumpla con el cometido de ser un área fundamental y obligatoria. Ella genera, por sí misma, formas particulares de construir, difundir y ampliar el espectro de saber del sujeto en su realidad y en el mundo, al partir de la exploración de sí mismo como generador de conocimiento desde la propia experiencia, creatividad y sensibilidad.

Ante las dificultades del Estado por asumir con propiedad la Educación Artística y Cultural se han planteado propuestas por parte de organizaciones no gubernamentales adscritas a procesos culturales, quienes tratan de cubrir la demanda de las instituciones educativas y, a su vez, contribuyen al cumplimiento de políticas de mejoramiento. Es el caso de los programas: Escuela-Ciudad-Escuela[1], Alternativas de Tiempo Extraescolar[2], Programa 40x40[3], jornada complementaria[4], jornada extendida[5], jornada única[6]..., aplicados en los colegios oficiales -que es donde más se presenta el déficit-, para atender a los estudiantes en esta área. Tal es el caso de Bogotá, donde estos proyectos han estado ligados a los programas de cultura ciudadana y formación de ciudadanía. Aquí, las artes median en procesos interdisciplinarios y transculturales, y en algunos casos

---

1 Para más información ver: http://www.educacionbogota.edu.co/es/?option=com_phocagallery&view=category&id=14:escuela-ciudad-escuela

2 Ver: http://www.alcaldiabogota.gov.co/sisjur/normas/Norma1.jsp?i=40384 y http://www.humanas.unal.edu.co/red/files/8712/7072/3221/Informes-documento_conceptual_alternativas_educativas.pdff

3 Ver: http://www.idep.edu.co/sites/default/files/libros/Jornada%2040%20x%2040.pdf

4 Ver: http://www.mineducacion.gov.co/1759/w3-article-235125.html

5 Ver http://www.mineducacion.gov.co/1759/articles-212806_archivo_pdf_ENS8.pdf

6 Ver: http://www.colombiaaprende.edu.co/html/micrositios/1752/w3-article-348926.html

el arte se instaura como área de formación y conocimiento según su abanico de opciones que exponen el lenguaje artístico en danza, teatro, música, artes plásticas y visuales, literatura; solo que la mediación del arte en la escuela se pone al servicio de otros campos del conocimiento[7].

Históricamente, la Educación Artística ha pasado por diferentes etapas en nuestro país. A finales del siglo XX algunas leyes señalaban el camino a seguir para llegar al lugar en que se encuentra actualmente. El decreto 080 de 1974 da al arte el carácter de fundamental en la educación de los colombianos. Luego, en 1976 el Decreto reglamentario 088, de la Ley 043 de 1975, "organiza el grupo de Planeación y Programación del Área de Educación Estética, con representación de las Artes Plásticas, la Música, la Danza y el Teatro, en la denominada renovación curricular" (Fandiño (SF). p. 112). En 1978 se creó el bachillerato diversificado (decreto 1419) con las modalidades de Bellas Artes y Artes Aplicadas (música, teatro y danza). Como consecuencia de este bachillerato, en 1979 (Decreto 327) surge el Programa de Centros Auxiliares de Servicios Docentes (CASD) y entre las áreas que contempla, están las modalidades de Bellas Artes-Plásticas, Bellas-Artes-Música y Artes Aplicadas. En el caso de Bogotá el CASD, se establece junto con el Plan CEMDIZOB (Complejo de Educación Media Diversificada para la Zona sur Oriental de Bogotá), en 1982.

La concepción del Plan CEMDIZOB promovió la formación en la educación de los lenguajes artísticos en la formación integral de los seres y su reivindicación como fin en sí misma, por ello se les denominó Lenguajes interpretativos, creativos. El plan se ofreció como programa de diversificación y énfasis a los estudiantes de grado décimo y undécimo, teniendo lugar el arte en este campo de formación en las áreas antes mencionadas. En 1994, mediante el decreto 1524, se ratifica

---

7 "los estudiantes dimensionen su postura ciudadana, generando interacción con otros espacios de la ciudad, donde encuentran lugares armoniosos, adecuados, diferentes, dispuestos a encontrarse con sus sentidos, sus necesidades de aprendizajes, que les permiten a través de su cuerpo cimentar una cultura de la corporalidad que pasa de lo individual a lo social y pone en escena una pedagogía pertinente para el restablecimiento de derechos y el buen vivir, desde la relación intersubjetiva que permite la idea de libertad" (Vargas y Rubio. 2015: 69)

el plan de estudios de la Unidad Educativa Plan CEMDIZOB. En este mismo año se establece la Ley general de Educación (Ley 115), donde se establece la forma como se debe entender y desarrollar la educación de los colombianos en adelante. Hasta 1998, se llevaron a cabo ajustes legales que buscaron desarrollar el espíritu de la Ley 115; es un período de transición, instauración y contextualización de disposiciones emanadas del Ministerio de Educación, con una clara tendencia hacia los enfoques técnico-académico en la formación de bachilleres. Este hecho generó que los colegios diversificados que tenían bachilleratos artísticos se reclasificaran, perdiéndose de este modo esfuerzos importantes en el campo de la Educación Artística y Cultural. Así, en 2006 se da por terminada la experiencia de formación llevada a cabo por el Plan CEMDIZOB, debido a cambios políticos y a la concepción misma de lo que significa la educación artística en la escuela.

Como consecuencia de estas políticas, en el año 2000 aparecieron los lineamientos curriculares para el área de Educación Artística y Cultural. Estos se enfocaron -desde lo estético- hacia el reconocimiento de la persona, a partir de su contexto y hacia la apropiación de la identidad nacional. Durante siete años, la maestra María Helena Ronderos se dio a la tarea, por encargo del Ministerio de Educación Nacional, de elaborar el documento que recogió el pensamiento de una significativa muestra de la comunidad pedagógica y artística del país. Con ellos construyó las posibles concepciones y prácticas que deben animar el desarrollo de esta área en el contexto educativo nacional.

Paradójicamente, en el 2002 se emite el Decreto 1850, que reorganiza la planta de docentes y disminuye la contratación de maestros de asignaturas en artes. Este fenómeno promovió la no elaboración de estándares básicos y por lo tanto que no se considere a las artes en la evaluación por competencias, haciendo que el ICFES (Instituto Colombiano para el Fomento de la Educación Superior) excluye el área de artística de la evaluación. En conclusión la Educación Artística no está incluida en el Sistema Nacional de Evaluación desde entonces hasta la fecha.

Esta preocupación se evidencia en el marco de los eventos distritales de 2002 y 2003 con el Pre-foro y Foro de Educación Artística y Cultural, respectivamente, liderados por la Asociación de Licenciados en Danza y Teatro. En las conclusiones se revela la dispersión de los perfiles de los maestros que tienen a su cargo el deber de impartir la formación en Educación Artística, mostrándose una gran falencia en los primeros años de escolaridad y de educación básica, y la complejidad ante las diversas concepciones del propósito en la formación.

El IX Foro Distrital de Educación Artística y Cultural (2004) convocado por la Secretaría de Educación Distrital de Bogotá, SED, nuevamente plantea la necesidad de consolidar el área, en donde fuerzas y voces de los participantes se unieron para darle un nuevo resplandor a la Educación Artística[8]. Surgen así grupos de estudio e investigación y se configuró la Red Distrital de Educación Artística, liderada por la Universidad Minuto de Dios, por encargo de la SED. Su fin era brindar un lugar a la educación artística y cultural en la escuela, y posibilidades de encuentro idóneo para la reflexión sobre el quehacer del maestro de artes en el aula.

En el año 2006 Colombia fue sede de la Conferencia Mundial de Educación Artística donde se establecen algunas líneas generales de orientación para ubicarla como principio inequívoco del desarrollo de la creatividad. Colombia, a través del Ministerio de Cultura en años subsiguientes, materializó estas líneas en encuentros artísticos, pedagógicos y culturales por zonas del país para visualizar las dinámicas de la educación artística, siendo las casas de la cultura, en sectores rurales, las que asumen estos procesos porque no llegan a ser lideradas por la escuela[9].

En el año 2007 se realizó en Medellín, el Congreso de Formación Artística y Cultural para la Región de América Latina y el Caribe. Este buscó generar el encuentro e intercambio

---

8   Al respecto pueden verse las memorias del IX Foro Educativo Distrital de Educación Artística y Cultural en: http://repositoriosed.educacionbogota.edu.co/jspui/bitstream/123456789/2622/1/memorias.pdf

9   El Ministerio de Cultura tiene como proyecto bandera el Programa Nacional de Música para la convivencia, pionero desde el año 2000, del cual surgen también el Plan Nacional de Danza 2010 – 2020, Plan Nacional de Teatro (2011) y los laboratorios de Artes Visuales. Ver: www.mincultura.gov.co

de enfoques de la educación artística y cultural en América Latina con pares de los diferentes niveles de educación formal, no formal, actualmente llamada "para el desarrollo humano y el trabajo", e informal. Aquí se definieron estrategias de planeación prospectiva, así como los derroteros y las metas que se fija latinoamericana para la Educación Artística en los ámbitos: didáctico, pedagógico e investigativo, con amplia incidencia en las políticas públicas de los sectores de la región. Además, se buscó llegar a consolidar el estado del arte de la educación artística, con el fin de compartir los avances y apuestas pedagógicas y metodológicas en el campo específico del conocimiento de las artes.

El Plan Decenal 2006-2016, entendido como un pacto social bajo el auspicio del Ministerio de Educación, establece en las metas macro la valoración del arte y la cultura, en el marco del reconocimiento de la diversidad étnica, cultural y ambiental, como un derecho básico. Además, consideró la importancia que tiene como generador de conocimiento a través de la investigación y -concretamente en el ítem currículo pertinente-: "Diseñar un plan de arte que garantice el desarrollo creativo y emocional de niños, niñas y jóvenes"[10]. Así, la educación artística y cultural, se confirma como área de estudio fundamental, a través de la cual se reconocen y garantizan los derechos culturales para el fortalecimiento de identidades, que resignifiquen la memoria histórica del país. Esto, para impulsar la actualización curricular, la articulación de los niveles escolares y las funciones básicas de la educación, así como la investigación, las innovaciones y el establecimiento de contenidos, prácticas y evaluaciones que propicien el aprendizaje y la construcción social del conocimiento, de acuerdo con las etapas de desarrollo, las expectativas y las necesidades individuales y colectivas de los estudiantes, propias de su contexto y del mundo actual. Se busca procurar los medios y escenarios para que niños, niñas y jóvenes desarrollen sus capacidades y

---

10  Consultado en: http://bibliotecadigital.magisterio.com.co/node/6898

talentos artísticos, deportivos, entre otros. La Cumbre Iberoamericana y del Caribe de Educación Artística, llevada a cabo Bogotá en el año 2009, fortaleció la idea de cercanía que existe entre la experiencia sensible y la educación para la convivencia, y propendió por construir el concepto de ciudadanía. Sus objetivos fueron presentados en el encuentro de Seúl 2010, en el marco de la conferencia mundial de educación artística, donde se trazaron tres ejes para las políticas públicas: la diversidad, el diálogo intercultural y la paz.

En el ámbito distrital, siguiendo estas pautas, surgió el Festival Artístico Escolar (FAE), que tiene sus inicios en el año 2009 y que se desarrolló anualmente (exceptuando el año 2012)[11]. Se fusionó en el año 2015 con la iniciativa de cultura festiva, por disminución en el presupuesto, hasta el punto en que para el año 2016 dio sus últimas muestras en la semana del estudiante. En el ámbito nacional, el Ministerio de Cultura promovió el evento Colombia Creativa en 2011. Solo que en este proyecto, se trata de profesionalizar a los gestores y creadores que no tienen titulación, validar la experiencia y la práctica artística como un tipo de conocimiento que otorga un título profesional[12].

Es necesario aclarar que durante este proceso, la Secretaría de Educación, vinculó el propósito de la educación artística con la necesidad de ampliar la permanencia de los estudiantes en la escuela, que propuso el Ministerio de Educación (2009). Es por ello que planteó el programa Jornada Extendida 40x40, que equivale a cuarenta horas semanales de clase, por cuarenta semanas académicas, en las instituciones educativas públicas (2012)[13]. El pilotaje conduce a la implementación de la Jornada Única tanto a nivel del Distrito Capital, como a

---

11  Para ver resultados y análisis de los encuentros del Festival Artístico Escolar, se puede consultar la página: http://www.redacademica.edu.co/preescolar-y-basica/colegios-01/festival-artistico-escolar-2013.html

12  Ver en: http://www.mincultura.gov.co/areas/artes/educacion-artistica/colombia-creativa/Paginas/default.aspx

13  Al respecto: http://www.idep.edu.co/sites/default/files/libros/Jornada%20 40%20x%2040.pdf

nivel nacional, siendo una de las metas del plan de desarrollo orientado a la excelencia educativa[14].

En el año 2010, el Ministerio de Educación publica las "Orientaciones Pedagógicas para la Educación Artística y Cultural", donde se determinan cuáles son las competencias básicas a desarrollar en los estudiantes de educación básica y  media, en cuatro aspectos: el primero identifica de manera directa las tres competencias a desarrollar: sensibilidad, apreciación estética y comunicación; el segundo corresponde a los procesos: de recepción, en el que el estudiante asume el rol de espectador, creación, como productor de trabajo artístico y de socialización, donde el producto se divulga en un contexto social o cultural. El enfoque se corresponde con las políticas de calidad encaminadas a ofrecer mejores condiciones educativas, que mejoren la calidad de vida, el disfrute de mayores oportunidades y la participación democrática en la toma de decisiones en los diferentes espacios sociales, políticos, culturales, económicos. Esto en concordancia con los parámetros expuestos en el concepto de educación artística acordado y divulgado por el Plan Nacional de Educación Artística, llevado a cabo en común acuerdo entre los Ministerios de Educación y de Cultura en el año 2007:

La educación artística es el campo de conocimiento, prácticas y emprendimiento que busca potenciar y desarrollar la sensibilidad, la experiencia estética, el pensamiento creativo y la expresión simbólica, a partir de manifestaciones materiales e inmateriales. Ello, en contextos interculturales que se expresan desde lo sonoro, lo visual, lo corporal y lo literario, teniendo presentes nuestros modos de relacionarnos con el arte, la cultura y el patrimonio. (MEN, 2010. P. 13).

> Desde 2012 la SED y la Secretaria Distrital de Cultura, Recreación y Deporte (SDCRD) crearon un engranaje que reformuló las orientaciones pedagógicas con logros y propósitos de la educación artística y el arte

---

14  Proyecto SED: http://www.educacionbogota.edu.co/archivos/NOTICIAS/ ORIENTACIONES_GENERALES.pdf

desde primera infancia hasta un proyecto de vida[15], resaltando el carácter cognitivo que tiene el arte en el desarrollo de los estudiantes, ya que contribuye a la construcción de conocimiento en artes. La implementación de este proyecto tuvo como eje la relación público-privada, a través de operadores externos al colegio, lo que -si bien generó algunas tensiones entre los docentes en propiedad y los docentes contratados por las entidades encargadas de llevar a cabo las actividades en jornada contraria, igualmente trajo como resultado que se dinamizaran las prácticas de enseñanza y se apropiaran otras estrategias de permanencia de los estudiantes en el colegio, como lo mencionan Vargas y Rubio (2015) en la publicación *Sistematización y análisis de la experiencia piloto Jornada 40 x 40*:

La JE40h se ha convertido en una práctica educativa que renueva las metodologías de aprendizaje en la medida que las clases salen de los salones a escenarios distintos y los estudiantes pueden relacionarse de manera viva y emocionante con el conocimiento, que no se imparte o se transmite, sino que se pone en escena para que el estudiante lo explore, lo defina, lo cuestione y lo adhiera a su esencia de manera práctica (P. 67).

En el año 2014 apareció una prueba novedosa para evaluar un campo no considerado en la educación, la prueba SER. Con ella se pretende valorar áreas como: educación física, educación artística y la ciudadanía. Estos aspectos, igualmente fundamentales en la formación de los estudiantes, no son objeto de evaluación ni de análisis por parte de las pruebas de estado (Saber). De acuerdo al documento del informe se pretende "develar los sentidos de la formación integral" (SED, sf. P. 7).

Las pruebas en educación artística se llevaron a cabo en las cátedras de: Danza y Arte dramático (2014), Música

---

15 Ver: http://www.fgaa.gov.co/sites/default/files/LINEAMIENTOS%20GENERA-LES%20SDFA.pdf

y Artes Plásticas (2015), siendo el eje la formación integral, desde las capacidades específicas a desarrollar en los estudiantes. Se tomó como muestra a los estudiantes de grado noveno (9°) por ser este grado el cierre del ciclo de Educación Básica y el acceso a la Educación Media.

Estos documentos han generado diferentes reacciones, en algunos casos, por los instrumentos aplicados -a pesar de haber sido sometidos a revisión por expertos-, o por la manera en que se presentan los resultados, con algunas consideraciones sobre el sesgo instrumentalizado que se tiene sobre el papel del arte como proceso educativo en la escuela. Las pruebas SER se centran, básicamente, en las habilidades y, como es natural, se aleja del análisis del acto creativo o de una mirada a la transformación simbólica que se esperaría que tuvieran los estudiantes de estos grados.

Estos pronunciamientos fueron presentados por algunos docentes de la Escuela Normal Superior Distrital María Montessori, única normal del distrito cuyo currículo contempla los lenguajes artísticos como eje para contribuir a la formación de maestros. Si bien se conocen algunas posturas similares en discusiones amplias sobre el tema, los resultados de estas no se cuentan como un documento oficial que pueda ser referenciado aquí para su análisis, sin embargo la pertinencia e instrumentos de la prueba SER siguen cuestionándose.

Finalmente, dentro de este recorrido de la educación artística en la escuela, se presentó la experiencia piloto del proyecto 40x40 y los resultados de las pruebas SER en el Seminario Latinoamericano sobre Evaluación para la formación integral en 2015. En este seminario el arte fue el campo recurrente en los ejemplos y ponencias, y el centro fue el ser humano. Se consideró que este, además de valorar el componente cognitivo, debe vincular el ético y el estético; estos últimos ligados directamente a esos saberes no visibles que determinan las prácticas y comportamientos visibles de los sujetos: la sensibilidad, la emotividad, la libertad, la producción de deseos[16]

---

16   Ver documentos en: http://www.sredecc.com/content/congreso-latinoamericano

Se puede decir que la formación de licenciados en educación, principalmente con énfasis en educación artística, implica una responsabilidad social que trasciende las aulas y se traduce en las prácticas y experiencias de aula. Queda un largo camino por recorrer, y por ello es necesario estimular la sistematización de experiencias, de manera que permitan una reflexión profunda sobre el quehacer del arte en la escuela, que oriente una perspectiva de lo que ocurre en nuestra realidad escolar para comprender cuáles son nuestras necesidades artísticas y culturales y hasta dónde llegan nuestras posibilidades de incidencia. Esto se logra al determinar qué de lo logrado es fundamental para propiciar esa formación holística dirigida a la transformación social, cultural, política y económica del país.

# CAPÍTULO II

## Territorios conceptuales

El referente cronológico sobre la educación artística, es el soporte desde el cual se han venido tejiendo, una serie de conceptos que abarcan, tanto la experiencia personal, como la de otros docentes que hacen parte del ámbito artístico y escolar, en torno a las artes escénicas en danza y teatro.

La Licenciatura en Danza y Teatro de la Universidad Antonio Nariño propone la formación de docentes en danza y teatro en el país desde la década de los ochenta. Esta proyección de formación académica se cimienta en la tradición popular y la vivencia como los ejes desde los cuales puede constituir la producción de saber artístico que va de lo local a lo universal. La interdisciplinariedad, que además de tejer el vínculo entre la práctica corporal de la danza y del teatro con otros lenguajes del arte, como las artes visuales, la literatura, la música, se apoya en otras disciplinas como la psicología y la pedagogía para complementar el proceso de formación docente.

Las maestras Delia Zapata Olivella y Rosario Montaña, ofrecieron su propia experiencia. Visionarias de la necesidad de formar docentes en educación artística en danza y teatro, crearon la licenciatura de donde han surgido diferentes propuestas, entre las que se cuenta la Asociación de Licenciados en Danza y Teatro a la que pertenece el grupo que lidera las investigaciones que sirven de referente a este aparte conceptual.

## Al encuentro de pedagogías alternativas

El Encuentro Pedagógico de Teatro Escolar Infantil y Juvenil EntrEscena, el Festival Escolar de Danza Tradicional "Delia Zapata Olivella", la participación en diversos eventos y programas escolares en el Distrito Capital y la práctica pedagógica, tanto en el ámbito escolar como universitario de los integrantes del grupo de investigación, son la fuente de información desde la cual se han generado los hallazgos conceptuales, didácticos y pedagógicos en torno a la formación en Danza y Teatro. Varios de estos hallazgos han sido presentados en eventos de educación en general y de educación artística tanto en el orden nacional como internacional, a nombre propio de cada uno de los docentes investigadores, en colectivo o a nombre de la Asociación de Licenciados en Danza y Teatro. En todos los casos los aportes se dirigen a consolidar la producción académica de este equipo.

El análisis y categorización de los hallazgos pedagógicos y artísticos en danza y teatro en el escenario educativo resultan ser cuatro componentes fundamentales que integran el proceso formador y creativo -y son la guía- y se convierten en punto de partida para reconocer el proceso particular que genera la práctica de las artes escénicas en la escuela. Por tanto, constituyen el ámbito del saber disciplinar y enmarca las dimensiones de la experiencia que sustenta la enseñanza y el aprendizaje en danza y teatro, para Delgadillo (2009) -y ampliado en Delgadillo, Gallo, Álvarez, Velasco, Leiva y Morales (2011)-; estas dimensiones consideran:

1. *Lo pedagógico:* corresponde al proceso sistemático de enseñanza desde el cual se organizan, planean y circulan las temáticas que propenden por el desarrollo cognitivo del estudiante, necesario para comprender el lenguaje multidisciplinar del cuerpo en escena, tanto en la danza como en el teatro. Se cimienta en la didáctica y la metodología desde las cuales se generan los procesos de interacción docente - estudiante, estudiante -estudiante, que decantan en alguna puesta en escena de acuerdo al estadio de desarrollo dramatúrgico en el que se encuentren.

2. *Lo social:* corresponde a aquellas acciones, relaciones e interacciones que mantienen las personas con su entorno en el ejercicio de creación, y se refiere a la manera como se integran los imaginarios, (representaciones y conceptos de sí mismos, de los otros, de lo otro, del territorio) a los procesos de creación e interpretación y, a su vez, que están inmersos en la puesta en escena;

3. *Lo cultural:* responde a las creencias, las prácticas, las costumbres, las experiencias y los referentes simbólicos que identifican a los grupos humanos, establece el acervo cultural que ha sido producido histórico - socialmente por la comunidad a la que se pertenece y son la fuente primaria de información para la producción, creación e interpretación escénica.

4. *Lo artístico:* determina la producción y transformación expresiva simbólica, estética, metafórica, imaginativa y fantástica que está inmersa en la creación escénica y en la interpretación de sus narrativas corporales en danza y teatro. Otorga valor en la percepción, comprensión y transformación simbólica para la producción metafórica, como elemento expresivo fundamental del arte en la escuela, lo que determina la práctica de aprendizaje y la construcción social de saber desde la experiencia artística en el individuo.

Cada uno de los componentes determina unas posibilidades de encuentro con la práctica pedagógica en el aula. El lenguaje del cuerpo, pone en circulación la manera cómo se produce, se desarrolla y se transforma la capacidad de representación simbólica - metafórica en escena, a través de lo que se enseña y se aprende. Esto implica, por tanto, una incidencia directa en el desarrollo cognitivo del estudiante, una exploración a ese mundo subjetivo desde el cual se comprende la realidad y se convierte en el insumo desde el cual es posible generar la experiencia artística en el aula.

Lo subjetivo es, por ende, la relación del sujeto consigo mismo respecto a los demás, en unas condiciones de tiempo y espacio, en un ámbito social que lo determina. De ahí que el repertorio de creencias, prácticas y referentes culturales sean la fuente de reflexión para incorporarlos, representándolos a través del cuerpo, a la producción artística. La producción artística tiene una doble connotación, ser pregunta y respuesta a la vez. Surge de una necesidad, que ofrece una respuesta a través de su creación, pero no para cerrar la brecha de la necesidad, sino por el contrario, para abrir nuevas expectativas, preguntas y perspectivas sobre lo que plantea. De hecho, en eso radica la experiencia artística en la escuela, en el hecho de que sea una permanente búsqueda y exploración de posibilidades de mirar al mundo y la realidad. Es un producto, pero también un proceso inacabado. Cada final es el inicio de una nueva mirada y el acceso a un nuevo recorrido en busca de respuestas y de formulación de nuevas preguntas.

De esta manera, la dirección que se ofrece a las pedagogías alternativas, no son necesariamente de satisfacción determinada por respuestas, son apenas un lugar de reflexión para iniciar nuevos caminos. No se menciona el programa lineal a seguir en la escuela, sino más bien de proyecto como eje articulador de los procesos de enseñanza y aprendizaje. Se trata, entonces, de ubicar una necesidad, un problema, una pregunta, que sirva de detonante para iniciar y orientar la práctica escolar. Un montaje de teatro o de danza, es por tanto una obra, cumple una función social, cultural, académica y pedagógica, en la escuela y muchas veces en el entorno; transforma la mirada, crea nuevas posibilidades de lectura y de reflexión sobre la realidad que busca representar. Por tanto, no es el producto solamente, sino todo lo que subyace al proceso que logra expresar y a su vez comunicar a través de la metáfora corporal; El cuerpo se ha tejido como un conjunto de experiencias incorporadas (hechas cuerpo), que a través de la danza y el teatro no buscan ser el reflejo de la realidad sino una abstracción, una interpretación simbólica de ella, que sintetiza un lugar, un tiempo y unas situaciones para el descubrimiento de los fenómenos de la condición humana.

La importancia de considerar estos cuatro componentes de la danza y del teatro en la Educación Artística para la generación de pedagogías alternativas no se centra entonces en el producto solamente, sino en la capacidad de ubicar, dentro del producto, el sentido que se pretende dar a la obra, construido en el proceso de creación y transformación simbólica, en procura de llegar de una manera diferente a los espectadores. No se trata de presentar un producto simplemente, sino de presentar desde él una perspectiva más profunda que lleve a reflexionar la realidad escolar, social, cultural y política en torno a la vida de una comunidad.

## Artes Escénicas, una perspectiva de pedagogos

En el año 2004 la Asociación de Licenciados en Danza y Teatro (ASOLDYT) propone el encuentro Escolar de Teatro, *EntrEscena*, como una forma de visibilizar los procesos de formación pedagógica en teatro y de puesta en escena escolar. Es una respuesta a la instrumentalización a la que estaba sometida la práctica teatral escolar. La Corporación Artística Vetusta Nova creó el festival de teatro escolar en la década de los noventa que llevó su nombre, el cual se centraba en la muestra de obras, sin considerar el proceso escolar, en lo que se diferenció con EntrEscena.

Para el grupo gestor del encuentro, liderado por algunos de los investigadores, era necesario superar la tendencia instrumentalista y devolver a los estudiantes y al docente, la importancia que tiene la formación de la libertad de expresión y de pensamiento desde una perspectiva crítica propia de la educación artística y cultural en el teatro. La práctica teatral y dancística en la escuela abre un horizonte de reflexión en torno al ser, el saber y el pensar, es un mediador educativo que transforma el sistema de representación simbólica en el lenguaje metafórico del arte. En este sentido el encuentro escolar de teatro EntrEscena, acerca a los profesionales pedagogos en artes escénicas que realizan montajes, para propiciar la cualificación de las dinámicas educativas en el arte escénico, en un proceso de formación en campos como el arte, la pedagogía, la cultura y la esencia misma del teatro, dando como resultado que las reflexiones, talleres y acompañamientos en torno al sentido de la danza y el teatro en la escuela, han mejorado las prácticas en el aula y en los mismos procesos de montaje.

El grupo de investigación perteneciente a ASOLDYT ha sistematizado una parte de la experiencia en convenio con el Centro de Investigación Pedagógica de,las Artes Escénicas (CIAES). Se destaca la construcción de una propuesta investigativa que ubica como tema central El Cuerpo en la Escena como Inspiración Pedagógica. Esta reflexión devela métodos, didácticas, conceptos y referentes que dan razón del por qué y para qué estudiar las artes de representación escénica (danza y teatro) como hecho cultural y social, pedagógico y artístico, desde la escuela y su incidencia en la formación holística del sujeto.

El uso de la expresión holística tiene como propósito, dar otra mirada al consabido concepto formación integral en la escuela[17]. Esta atraviesa la realidad y los discursos de la

---

17   Las pruebas SER parten de la noción de educación integral que tiene la Secretaría de Educación Distrital, como respuesta a la exclusión de las pruebas de Estado, SABER, de los saberes desarrollados a través del arte, la educación física y la ciudadanía. La educación integral, se basa en un aprendizaje integral, desde la integración curricular: "Desde una propuesta de integración curricular se entiende el aprendizaje como la capacidad del estudiante para relacionar o integrar temas, conceptos y conocimientos del mundo, no como la

escuela, solo que se fragmenta en componentes que rara vez se entrecruzan e interactúan (Vasco, 1999, citado en SED 2014; 14), son interpretadas como dimensiones, disciplinas o áreas que se colocan en relación al espacio escolar, en el tiempo (cursos, grados, ciclos, niveles) en los que la cotidianidad educativa conduce, por caminos diferentes, con múltiples orígenes e intenciones diversas para lograr un propósito de educar sujetos con un único perfil cognitivo, político y social[18]. Es decir, que todas y cada una de las asignaturas, proyectos, programas y planes propuestos en el currículo, obedecen al fin último: formar a un sujeto desde la escuela para la vida. Aun cuando no existan conexiones entre las diferentes formas de conocimiento y tampoco se considere la realidad como parte de la escuela. En resumen, cuando se menciona la formación integral equivale al armado de un rompecabezas en el que las piezas encajan en la medida en que el sujeto aclare la imagen de realidad y de mundo que quiere construir de acuerdo a sus expectativas y necesidades de vida. "Es así como a los niños y niñas se les sigue pidiendo la asimilación de conocimientos y técnicas poco significativas, con la fe de que encontrarán sentido y recompensa a su tarea después de poner su tiempo, esfuerzo y disciplina" (SED. 2014; 14).

La perspectiva holística, considera cada realidad construida como un todo, es decir se educa para una constante construcción en el contexto de otras realidades. Un poema de William Blake (1757-1827) ilustra esta perspectiva:

> Para ver el mundo en un grano de arena,
> Y el cielo en una flor silvestre.
> Abarca el infinito en la palma de tu mano
> Y la eternidad en una hora.

---

adquisición de conocimientos aislados" (SED. 2014; 15). La educación artística, en la SED tiene el mismo soporte: "dentro de la política educativa formulada en una perspectiva de desarrollo humano, enmarcada en una concepción multidimensional del individuo y en la formación integral, la educación artística es un campo absolutamente relevante y necesario" (SED. Sf; p. 6)

18  Al respecto los diferentes países organizaron sus políticas educativas a partir de la Declaración Mundial sobre Educaciòn para todos de la UNESCO (1990). Disponible en: http://www.unesco.org/education/pdf/JOMTIE_S.PDF

Cada realidad construida, en el caso de la danza y el teatro es, a su vez, reflejo de esa realidad totalizadora a la que pertenece y con la que interactúa, para comprender y comprenderse en su singularidad y en su totalidad. Holismo etimológicamente, proviene del griego *holos*, que significa todo y el sufijo *-ismo*, que se asigna en este caso a cualidad, más que a tendencia o escuela.

Según Briceño (2010), "la holística es definida como un fenómeno psicológico y social, enraizado en las distintas disciplinas humanas y orientada hacia la búsqueda de una cosmovisión basada en preceptos comunes al género humano." (cp. Gluyas, Esparza, Romero, Rubio. 2015; p. 5), lo que permite comprender tanto a la persona y su interacción consigo mismo, los otros y con el mundo de las cosas (tangibles e intangibles) como una entidad multidimensional.

El enfoque holístico en educación, ha sido trabajado en diferentes tendencias. Algunas de estas, son aplicadas a la evaluación, de forma que da cuenta de la participación de diferentes actores del proceso de aprendizaje. Así, refleja a su vez, una mirada de los objetivos, los logros y las dificultades sobre lo aprendido, "comprendiendo las complejidades pedagógicas y las interrelaciones de los procesos que se exhiben entre estudiantes y profesores en la enseñanza y el aprendizaje, la investigación, la docencia" (Ayala, Orrego, Ayala. 2014; 38). El concepto hologogía, propuesto desde 1981 por Marcos Barrera, reune la mirada sobre lo que es el Enfoque holístico en educación. Para este autor la Hologogía el proceso educativo debe originar que integra a la persona toda en sus potencialidades, en el devenir, su experiencia, su mundo, su realidad y las realidades de los otros, ya que nadie construye una identidad sino en relación con los otros. Esto no ocurre en una edad determinada, sino que es permanente, solo que cada quien, en cada momento de su vida lo comprender de una manera diferentea partir de sintagmas, esto es: la posibilidad que tiene la persona de reconocer diferentes paradigmas, en una actitud abierta más compleja, sujeta a experiencias y saberes diversos que son inetegrados al proceso de conocimiento (Barrera. 1990). De este autor se consideran fundamentales tres principios para ser integrados a la propuesta artística en danza y teatro y son ellos: el principio de unicidad, dado que cada acontecimiento es singular, particular, único para cada persona y aun cuando se repita nunca será el mismo; el principio de identidad, se refiere a la afirmación que se hace de sí mismo o del evento en relación con otros seres o con otros acontecimientos y da un lugar en el mundo social o en el mundo de las cosas como único e irrepetible; Principio de continuidad, en coherencia con la mirada de la pedagogía entendida desde la enseñanza, porque todo fin es el comienzo de algo, no se trata de eventos lineales, transitorios, que se movilizan en diferentes direcciones. (Barrera, 1990)

La investigación, también ha sido permeada por la perspectiva holística, en este caso se trata de pensar la producción de conocimiento en su complejidad multidimensional, integrando -de acuerdo a las necesidades-, los diferentes tipos de investigación. En este caso, el investigador decide en qué momento utiliza uno, otro o varios de ellos, y genera un tejido de saberes provenientes de distintas disciplinas, para comprender desde sus diversos componentes el objeto de estudio (transdisciplinariedad). Esta mirada de la investigación considera, igualmente, cómo se produce un saber y se da el acto de conocimiento en la cotidianidad, ya que éste no es solo mental, es biológico, psicológico, lingüístico, social, histórico, cultural (Velásquez. 2011; Rivadeneira. 2013).

Se ha explorado, también, el diseño curricular holístico, en este caso se trata de centrar la formación de la moral y la ética en los sujetos como ejes transversales al proceso de aprendizaje. Vincula un concepto de hombre, en tanto sí mismo (auto-concepto), otros sí mismos (socio-concepto), producto de una cultura (antropo-concepto), en el que cada quien se constituye desde su interacción con la realidad y con el entorno, en unas dinámicas permanentes de transformación "explorando los diversos niveles de realidad". (Romeo. 2001; p. 126)

La enseñanza de las artes, también ha sido intervenida para proponer estrategias de enseñanza desde el Modelo de Educación Holística (MEH), planteado por Gluyas y otros (2015), a fin de vincular en la formación artística el desarrollo del bienestar humano. Se busca integrar la relación que se tiene desde la dimensión sensible para recrear de diferentes formas la interacción con el mundo.

> La formación holística requiere de la integración de saberes: saber ser a partir del autoconocimiento, para proyectarlo en un saber conocer que motive el aprendizaje continuo con miras a ser reflejado en un saber hacer que impacte en el desarrollo del entorno inmediato, con resonancia en la sociedad y en la humanidad" (Gluyas, Esparza, Romero, Rubio. 2015; p. 3).

La perspectiva holística, en danza y teatro, recoge, además de los principios de unicidad, identidad y continuidad enunciados, los elementos pedagógico de la enseñanza desde lo no pensado, cultural, social y artístico que la constituyen, descritos anteriormente[19]. Pero no es solamente para la danza y el teatro, sino que abarca a la educación artística en general, porque integra al sujeto individual como una totalidad, en su ser, hacer y saber, pero además lo constituye desde, hacia, en y con la experiencia. El insumo fundamental del proceso de formación artística es la manera cómo afecta la realidad a sí mismo, a los otros y las diversas formas en que ella se comprende, se representa y se transforma, como una estrategia vital de mantener vigente la cotidianidad como actualidad que se renueva con la práctica artística, que se incorpora, se hacen cuerpo, emoción, sentimiento, sensación en la puesta en escena.

---

19  Nota: Si bien los enunciados de la educación holística tienen coincidencias con el propósito del presente escrito, el enfoque al que se hace referencia es más desde el componente que vincula la experiencia, la vivencia, el acto creativo, la incertidumbre, la comprensión de la condición humana y su representación simbólica – metafórica propia el lenguaje artístico. No se trata de un aprendizaje que ofrezca respuestas, sino que abra nuevas preguntas, nuevas miradas y amplíe los horizaontes de comprensión a través del producto artístico escolar.

La perspectiva holística sustenta y argumenta la realidad, la cotidianidad actualizada, ubica la multidimensionalidad del cuerpo como estructura total del mundo que crea y re-crea simbólica y metafóricamente. La experiencia artística de la danza y el teatro en la escuela, estimula la innovación educativa, explora alternativas de comprensión y producción de saberes, y se revierte en posibilidades pedagógicas y didácticas para la enseñanza de las artes. El cuerpo es el medio y el fin del proceso creador de metáforas que transforman el pensamiento y el sistema de representación simbólica en el escenario educativo; refleja el mundo en que vive, transita como territorio de sí mismo constituyendo identidad llevada a escena. Lo holístico, surge como posibilidad de formación de sujetos, a través del cuerpo, que evidencia y distingue formas de ser, de hacer y de tener que provocar a otros "haceres", como interacciones en diversos campos del conocimiento.

## El escenario de la escuela para la educación artística

En lo que respecta a la actividad teatral y dancística en la escuela y los conceptos de pedagogía para pensar, e innovación en educación artística, se encuentra que son afines a la perspectiva que se señala sobre la educación artística y cultural. Esto, pues, al tratarse de experiencias artísticas, tienen inmersas prácticas de enseñanza y de aprendizaje que son diferentes, y a su vez complementarias, a la manera en cómo se presentan las otras formas de conocimiento en la escuela.

En las instituciones escolares persisten asignaturas a las que se les da mayor relevancia (matemáticas, ciencias sociales y naturales y lengua castellana)[20], por ser motivo de evaluación en las pruebas nacionales (Saber, Saber pro)[21]

---

20 La carga académica, corresponde entre el 55% y el 65% a estas áreas, de acuerdo al parámetro definido por el Ministerio de Educación. La Secretaría de Educación, ofrece una compensación a las áreas artísticas. Para mayor información consultar:
http://www.educacionbogota.edu.co/es/temas-estrategicos/curriculo-40-40

21 Para el Ministerio de Educación, las pruebas saber son de carácter censal, esto significa que: "permite a cada una de las instituciones educativas del país… dis-

e internacionales" (Pisa), "áreas que a criterio de los expertos se constituyen en los componentes principales para desarrollar en los educandos las competencias básicas para la vida y que les permitan alcanzar un desempeño eficaz y eficiente dentro de la sociedad" (Fernández, 2005. P. 6).

Lo que está considerado en estas pruebas, es igualmente un modelo de desarrollo económico cimentado en educar para la producción y la productividad. La escuela requiere de una perspectiva diferente, ser un espacio "estimulante de experiencias, que aliente la participación, la divergencia, la apreciación de relaciones novedosas de lo conocido… de confrontación de saberes" (Leyn, 2004; 89), o como lo señala el documento de experiencias artísticas del Festival Artístico Escolar 2010:

> En la escuela escasamente se motiva a la curiosidad y el espíritu juguetón de los niños y las niñas; muy poco se le da la importancia a su imaginación creadora que los impulsa a soñar, a intuir y a relacionar, a querer saber más; se educa de espaldas al arte sin dar la oportunidad de innovar, para intercambiar experiencias, para inventar proyectos y transformar realidades (Olaya, 2011, p. 15).

Además,

> De suyo, la experiencia misma del arte interroga la cotidianidad, renueva, explora formas de decir y de hacer para comunicar esa producción cultural simbólica

---

poner de un diagnóstico válido y confiable para determinar si los estudiantes de Educación Básica están consiguiendo o no –y en qué grado–, el *saber* y el *saber hacer*". (Fernández, 2005. P. 6). (Resaltados en el documento original). Las pruebas saber 11° tienen como objetivos: Seleccionar estudiantes para la educación superior; Monitorear la calidad de la formación que ofrecen los establecimientos de educación media; Producir información para la estimación del valor agregado de la educación superior, según lo dispuesto en el Decreto 869 de 2010 (ICFES, 2015). Disponible: http://www.icfes.gov.co/docman/estudiantes-y-padres-de-familia/guias-y-ejemplos-de-preguntas/saber-11-1/guias-1/1225-lineamientos-generales-para-la-presentacion-del-examen-de-estado-saber-11-2015/file?force-download=1

emanada de la comprensión que se tiene de la realidad del mundo. En este sentido es válido afirmar que la danza y el teatro son escenarios donde la experiencia artística y su perspectiva estética, generan procesos de creación que reflexionan sobre la vida cotidiana y se evidencia en la puesta en escena ante el público espectador (Parada, Beltrán, Hernández & Prieto, 2005).

La danza y el teatro necesitan ser revisados desde su valor pedagógico en la escuela como ya mostró, su tránsito como objeto de indagación se hace a través de la experimentación del cuerpo sensible, emotivo, expresivo en la cotidianidad dentro y fuera del aula. Lo que implica que la enseñanza de la danza y del teatro está constituida no sólo por acciones, reacciones o función determinadas por un hacer predefinido, sino por nociones, conceptos y prácticas que recorren el conocimiento del cuerpo como enunciado, que explora la condición humana a través de múltiples posibilidades de decir y pensar a través del lenguaje simbólico- metafórico del arte. Como campo de conocimiento, la educación artística entra directamente a los terrenos de la investigación y de la articulación de los mundos posibles que se producen en el arte, a través de la danza y el teatro, en lo particular de la corporeidad, es decir producción cultural del cuerpo en su hacer, sentir, pensar desde sus afecciones (Farina. 2005; González y González. 2010)

En los últimos años en Bogotá, Distrito Capital, se ha observado mayor presencia del arte en la formación y desarrollo de competencias expresivas en los niños, las niñas y jóvenes. En el año 2006 la Alcaldía Mayor con el lema "Colegios Públicos de Excelencia para Bogotá", propuso la reorganización curricular en campos de pensamiento con el fin de contrarrestar la fragmentación del saber.

El Festival Artístico Escolar (FAE) ha generado la discusión sobre la creación artística, los presupuestos teóricos del arte y la transformación de sociedad mediante la expresión simbólica y la producción de conocimiento, a través de muestras artísticas y diversos eventos académicos.

Al revisar la memoria del FAE año 2010 (Olaya, Et. Al. 2011), se observa que los docentes de danzas y teatro no siempre responden a orientaciones curriculares propuestas por los PEI de las instituciones donde realizan sus prácticas pedagógicas. Este asunto crea un vacío frente al seguimiento de orientaciones pedagógicas que centren el debate, la producción de conocimiento y el sentido de la práctica artística como mecanismo para fortalecer el proceso cognoscitivo de los estudiantes, dentro de una comunidad y territorio.

La escuela convoca los saberes culturales que exponen una comunidad y territorio, siendo la educación artística el centro donde se potencian imaginarios, ideas y sueños, propios del realismo mágico que nos ha acompañado por décadas. De él estamos reclamando narrar las vivencias y tradiciones del pueblo colombiano, que a su vez es el reflejo de cualquier pueblo en el mundo. Este lugar en la escuela nos permite aterrizarlo en el cuerpo, sitio de accionar de prácticas escolares como las artes escénicas.

## Danza y Teatro, "diálogos en y con el cuerpo"

Evidenciar los procesos y didácticas aplicadas en la construcción de propuestas para la escena, que son la base para el desarrollo formativo del estudiante en el amplio y diverso campo de las artes escénicas, se constituye en fundamento que permite al sujeto (niño, niña o joven) expresar, expresarse, comunicar y comunicarse, utilizando los códigos y sistemas simbólicos-metafóricos de las artes escénicas. Este mundo de lenguaje por explorar es el que propicia la experiencia escénica en la escuela, en tanto que ella [la escuela] sea un espacio abierto y propicio para la acción-reflexión y la producción escénica (simbólica-metafórica) de las propias vivencias y maneras de pensarse, en una realidad y desde cada realidad pensada.

Así, pues, la construcción de metáforas, recurriendo al repertorio simbólico de la cultura, mediante la práctica artística escénica, se vincula con la manera cómo opera el pensamiento sobre los conceptos; es decir, cómo representamos lo que comprendemos de los fenómenos de la realidad. Los símbolos, entendidos como conceptos producidos socialmente, nos facultan a develar lo que ocurre en la cotidianidad para llevarlo a escena. En términos de Eisner (2002), los símbolos-concepto permiten describir e ilustrar significados, definiciones y nociones que se tienen de las cosas, para elaborar analogías. La analogía es el instrumento por excelencia del arte para decir lo que se quiere. Utilizar la comparación entre cosas tangibles e intangibles, genera -parafraseando a Betancourt (2006)-, un nuevo concepto que necesita ser aprehendido, comprendido e inferido para ser interpretado y representado durante la puesta en escena. Este complejo tejido del lenguaje escénico da coherencia y refuerza el sentido y la intención al relato dramático, bien sea a través de la danza o del teatro.

Sin dudar de que haya una forma de producción cognitiva de las artes, se puede decir que la expresión dramática, sea teatro o danza y la puesta en escena: 1) Permite la flexibilidad cognitiva, no importa tanto la obra en sí como la capacidad que se tiene para aprender a partir y a través de ella (origina conocimiento). 2) Integra conocimientos, al intervenir diferentes lenguajes y maneras de representar la realidad; el estudiante teje diversas posibilidades de comprensión y conocimiento que lo conectan con su propio mundo (aprendizaje interdisciplinar). 3) La imaginación, producto de la experiencia individual y colectiva de vida, es una estrategia y un instrumento eficaz e indispensable para establecer conexiones entre las cosas y resolver problemas (lenguaje-pensamiento y acción). 4) El argumento estético, la experiencia estética como una forma de conocimiento que transforma la realidad en objetos artísticos (creación-re-creación). Al respecto Tarkiewiks (2008) refiere:

> Un grupo de teorías cognoscitivas afirmó que la experiencia estética es un tipo de conocimiento [...] la experiencia estética tiene lugar únicamente cuando el sujeto transfiere su propia actividad al objeto; de este modo atribuye al objeto estético unas propiedades que éste no posee en sí mismo [re-creación]. (p. 364-366)

Esto se puede ampliar a los campos de la sociabilidad donde la integración, participación y respeto mutuo, confluyen buscando educar en una crítica asertiva, formativa y productiva tanto personal como social.

En esta vía se orienta la construcción de imágenes y representaciones corporales. Ellas permiten recrear, reconstruir, alimentar y fortalecer no solo las capacidades corporales, sino que por ser formas de pensamiento que buscan decir a través de acciones, potencian las posibilidades de producir simbologías y metáforas corporales en una perspectiva creativa interdisciplinar, amplificando las capacidades de percibir, actuar, imaginar y re-crear. En este sentido el teatro y la danza cumplen una función no solo en la producción artística, sino también contribuye al desarrollo cognitivo de las personas. Entendiendo lo cognitivo en sus diferentes ámbitos de lenguaje, de interacción social, de producción simbólica, de representación, de subjetivación social e individual, de creación de mundos posibles. (Vigotsky, 1999; Bruner, 2001)

En la perspectiva de las artes escénicas, la danza en particular, ubica de manera esencial, procesos de subjetivación; es decir la construcción del sujeto, atendiendo a que el bailarín a través de la danza determina un concepto del cuerpo autopercibido y trabajado para propiciar impacto estético, descubrimiento de emociones, de placer, derivaciones causadas por las tensiones y reacciones de la experiencia del movimiento y sus posibilidades expresivas, a fin de lograr resonancia entre las dimensiones orgánica y simbólica del propio cuerpo, como acción significativa individual y con otros cuerpos danzantes. En el carácter, no solo de la acción sino de la emoción y del cuerpo en el espacio, se construye el sentido histórico, social, político, cultural y, por supuesto, artístico de la danza, mediante unidades básicas de movimiento (pasos danzados) y unidades significativas de movimiento (frases kinestésicas significativas) en unas condiciones de tiempo, espacio y contexto social-cultural, constitutivos de la narrativa corporal. En esto se decanta el acto artístico-creativo que produce actos comunicativos de movimiento mediante el lenguaje no verbal de la experiencia en el aquí y ahora del cuerpo danzante en escena. (Kaepler, 2003; Monroy, 2003; Sastre, 2007; Nicolás, Ureña, Gómez y Carrillo, 2010)

La danza, en cualquiera de sus manifestaciones, conserva su carácter ritual, a pesar de algunas tendencias a respaldar prácticas, más cercanas a la mirada economicista de occidente que resalta la perfección, el virtuosismo del cuerpo en movimiento, la exclusión del cuerpo no entrenado y la dependencia (a veces arrogancia) de un único creador (coreógrafo). La danza, al menos en la escuela y en ciertas celebraciones tradicionales, trata de regresar a su origen como construcción socio-cultural, donde aún es reconocida en su valor colectivo, político y cultural, porque en este proceso contiene el arraigo de pensamiento y conocimiento de las culturas que las produce. Si bien tiene menor difusión, no por ello deja de luchar por sobrevivir como expresión cultural. En cualquier caso, la danza representa maneras de comprender la realidad, en un contexto espacio -temporal determinado. Ubica al sujeto danzante como el creador de ese mundo simbólico que subyace en la danza. (Romero, 2015)

> [Se trata del] acto emocional, sugestivo y evocador expresado con las variaciones del ritmo corporal y tonal en un conjunto acabado y no sólo episódicos de expresión total. Además del aspecto narrativo que se auxilia de símbolos mímicos, la danza puede tener un contenido mítico en el que toda ella es símbolo, expresión psíquica, legado inconsciente [...] el símbolo, como instrumento del pensamiento, es capaz en la danza de penetrar profundamente en las raíces del substrato

mental y expresar directamente lo que los signos hablados o escritos tardarían mucho más en comunicarnos (Luis Bonilla, 1964, cp. Poveda, 1995, p. 40).

Asimismo, el teatro, por su parte, implica un proceso propio de complejidades. Quizá tenga una mayor exigencia respecto a la mirada que se tiene sobre sí mismo y sobre otros sí mismos, porque una puesta en escena pone en tensión las creencias y prácticas propias, cuando se encarna un personaje con determinadas características, como nos lo recuerda Wright (1962), citado en Poveda (1995):

> Para ser un actor hay que renunciar completamente al propio ser y a muchas exigencias personales. En mayor medida que cualquier otro arte, la actuación es una rebeldía contra la banalidad de la existencia cotidiana. Lejos de ser un imitador de las triquiñuelas superficiales de la vida o un repetidor obvio de rarezas tradicionales, el actor debe vivir con tal delicadeza y tal intensidad que pueda aportar un estilo a todos los gestos mínimos y a los parlamentos triviales como comer una fruta, doblar una carta, alzar un brazo, ponerse una gorra, para convertirse en sus manos en imágenes significativas, en profundos espejos del carácter. (p. 65-66)

El aula es el laboratorio de personajes, de la representación, donde la realidad aprendida, comprendida y transformada al lenguaje del teatro, puede recurrir solamente a la acción (teatro del silencio), o puede vincular la palabra, la danza, la animación de objetos, la tecnología para narrarse en escena. Una obra de teatro cumple una función social, es ritual, por su alto valor simbólico, conduce a pensar y pensarse sobre el sentido del ser como sujeto en el mundo. Incita a reflexionar sobre los fenómenos de la condición humana. El tiempo, el espacio, los objetos, las acciones, los gestos, los sonidos, las palabras, los personajes en escena, muchas veces dicen más de lo que representan; dado que tocan la imaginación y la propia experiencia, tanto del actor, director, como de los espectadores. Es un acto de creación compartido. No solo está lo que se dice, sino lo que con ello se quiere decir. Lo que se calla adquiere un lugar de preponderancia en este juego de la imaginación y de la creación que se da en complicidad entre el público y la obra. (Poveda, 1995; Castaño, 2000; Vigotsky, 2005; De Toro, 2015; Sierra, 1996)

> Lo invisible [el silencio] no es en modo alguno sinónimo de incognoscible: posee otros caminos para llegar al alma. Lo inexpresable, lo irracional, se percibe por otros conductos, todavía no descubiertos, del alma. Lo misterioso no se aprehende mediante adivinaciones, sino mediante la percepción, la vivencia de lo misterioso. (Vigotsky, 2005, p. 354)

Es necesario señalar la interacción que se da entre los diferentes elementos que constituyen la puesta en escena y la manera como ellos intervienen en el tejido imaginario, entre lo que ocurre en escena y lo que va re-creando el público que es, metafóricamente, aula y compañeros.

Para comenzar, la situación escénica y lo que el público ve, se encuentran vinculados por elementos comunes: la representación simbólica, la sensación, la percepción y la emoción. *La representación simbólica* ocurre mediada por la acción, la palabra, los objetos, los sonidos. Lo que a su vez busca producir en el espectador una serie de sensaciones y emociones desde la manera cómo ellos comprenden lo que se percibe, enfatizando en la sensación y la emoción, apartándose del texto (como ocurre con el performance), pero, igualmente, hay un relato que subyace a cada montaje. No obstante, al tratarse de una puesta en escena, tiene unas condiciones de teatro y de teatralidad propias de la educación en artes escénicas.

Castaño (2000), explica que *la emoción*, sensación y percepción que se producen en escena, siguen el mismo recorrido de lo que ocurre en la cotidianidad, solo que en el teatro son intencionalmente provocados: son fenómenos que ocurren en el organismo. Es decir, son manifestaciones corporales, visibles en algunos casos o momentos, cuando produce acciones y reacciones (llanto, risa, sobresalto), pero también pueden ser invisibles, por ejemplo, cuando se aceleran los latidos del corazón o hay una descarga electroquímica en el sistema nervioso que recorre el cuerpo (un corrientazo). Esto se produce porque hay un entrenamiento psico-físico al que debe someterse el actor para lograr una puesta en escena creíble, como lo propone el método. Stanislavski (2012), para la preparación del actor o Eugenio Barba (2013) en "La canoa de papel", solo que, llama la atención, sobre el hecho de buscar tanto la presencia y en ocasiones propiciar la ausencia en escena:

El actor, por el hecho mismo de enfrentar a los espectadores, pareciera estar obligado a representar algo o alguien. Sin embargo, hay actores que usan su presencia para representar su ausencia. Parece un juego de ideas, y sin embargo, es una figura del teatro japonés. (Barba, 2013. p. 37)

La experiencia artística es un juego de presencias y ausencias, en la danza y el teatro la representación mediante la metáfora corporal es una muestra de ello, lo que se muestra es lo que se ve, pero justo en eso que se ve, se está ocultando lo que no se ve y se quiere decir. En el texto corporal, hablado, gestual, musical, gráfico, subyace todo un relato que está impregnado de emociones, sensaciones y referentes simbólico-culturales. El cuerpo en acción mediante el gesto o el paso danzado, es el lugar de encuentro del mundo de las cosas que se entretejen entre la realidad creada en escena, la realidad del artista y la realidad que descubre el espectador. En esto consiste la experiencia artística en el aula, en lograr un tejido de realidades que permitan comprender más y mejor los fenómenos de la condición humana.

Por su parte, en cuanto al valor pedagógico del teatro, es necesario resaltar el texto o la fábula. Lo pedagógico se entiende como la enseñanza que hace tanto el docente como los aprendices en concomitancia desde pensar lo impensado. Cómo se aborda un proceso de creación y recreación a partir de un texto o para la elaboración de un texto dramatúrgico; hay que tener en cuenta que esto presupone el diálogo, en eterno presente, en el aquí y ahora, sin la presencia de un él, aunque sí de un ellos (el público):

> El diálogo, y solamente el diálogo…, constituye la situación básica en el teatro y es este dialogar lo que de hecho se escenifica en la escena: se trata de la escenificación de los actos del lenguaje yo/tú […], él no tiene lugar, puesto que no es ni locutor ni alocutor y por ello no juega ningún papel. (De Toro. 2015; p. 49)

Pero, por supuesto, no es sólo el diálogo sino su función expresiva, la que nos dice las cosas presentes y ausentes, pero también del mundo y de la realidad interna del personaje, de las experiencias creadas para representarlo: "A esta función [expresiva] del lenguaje concierne la expresión de realidades o experiencias internas de los personajes, cuando estos las expresan por medio del discurso/gestual". (Barba, 2015. P. 57)

De esta manera se procura contar una historia, juntando -por supuesto-, los demás elementos de la escena (escenografía, iluminación, sonido, musicalización, vestuario). Es debido a la complicidad entre el actor/los actores y el espectador que se va armando poco a poco las piezas hasta lograr completar el discurso escénico. Para el espectador es una forma de lectura, para los actores una forma de escritura. Esta lectura/escritura, por medio de la representación, está atada por la imaginación, dado que se trata de una fábula, una ficción. En esto consiste la magia, pero a la vez la complejidad del teatro, porque se trata de fabular la ficción con situaciones que se muestran como reales y adquieren vida a través del actor, como lo afirma De Toro (2015):

> El actor tiene que indicar las condiciones de enunciación imaginarias desde donde produce el discurso. Estas son imaginarias en la medida que el discurso del actor es ficticio: el mundo que integra, el personaje que representa y lo que allí dice constituye una ficción. Pero su acto de palabra es un acto real ya que el actor es un ser vivo que profiere un discurso… la función del actor es aquí completar el discurso incompleto que constituye el texto dramático, el cual se completa sólo en la puesta en escena en relación con una situación de enunciación concreta/ficticia [..] gracias a su presencia física [..] (performancia escénica). Aquí no sólo el discurso es el que funciona con prioridad, sino que la gestualidad, la proxémica y la kinesia entran a jugar un papel fundamental. Es realmente el cuerpo del actor en su totalidad el que sirve como puente entre el discurso y la mimesis, entre el discurso y el público. (p. 57 - 58)

Estos referentes propician una aproximación a la definición del teatro y la danza escolar que sean sustentables por sí mismos, a la luz de la pedagogía del arte comprendido como lenguaje y pensamiento simbólico-metafórico. De alguna manera, los referentes se constituyen como pilares para que los conceptos que se proponen contribuyan a la formación holística y personal de los estudiantes. Todo ello en pro de un mayor entendimiento de la importancia de este campo de conocimiento que está curricularizado como área fundamental en el campo educativo del país, desde la educación artística y cultural.

## El teatro en la escuela

El teatro debe ser presentado desde la perspectiva de la obra de arte en la escuela. Pensar el teatro como obra de arte en la escuela significa que hay una rigurosidad en su elaboración, pero también, que el tejido de elementos escénicos como la palabra, el gesto, la música, el color, el espacio, son comprendidos desde sus múltiples posibilidades de significación. No se trata entonces de hacer el montaje de una pieza o de un ejercicio para presentar en un evento simplemente, sino que hay, con la certeza del proceso, la intención de decir algo, de plantear algo que interrogue la realidad, que devele fenómenos de la condición humana en cada puesta en escena, por sencilla o básica que ella sea. El asunto consiste en ubicar el grado de complejidad con que ello se haga, de acuerdo a las posibilidades y capacidades, de acuerdo al estadio de desarrollo dramatúrgico en que se encuentren los estudiantes. Si es un nivel básico, sin perder esta perspectiva, se deben plantear consecuentemente los ejercicios; ni qué decir de un nivel medio y de un nivel avanzado donde se adquiere ya un compromiso personal con la obra.

La puesta en escena, de cualquier ejercicio en su interior parte del principio de que en ellos se encuentran los elementos con los cuales se puede comprender el valor de la experiencia escénica como artefacto artístico desde una perspectiva holística. Se propicia la participación, ya que no es posible develar su sentido ni su lenguaje sino se hace parte de él. Para los estudiantes debe quedar claro que ninguna persona que asiste a una representación escénica teatral es ajena a lo que sucede, por el contrario, gracias a que se integra con las acciones, gestos, emociones, palabras de los actores, y con los efectos sonoros, música, iluminación, vestuario, escenografía y demás, logra comunicarse consigo mismo y con la obra, manteniendo su categoría ritual. El teatro, desde sus orígenes, tiene como premisa ritual que quien no hace parte de él no recibe los beneficios ofrecidos, aun los más íntimos como la felicidad, el placer, el dolor:

> Los secretos relativos a la suprema aspiración humana, o sea a la supervivencia en el más allá, sólo serán revelados a los "iniciados" [..] Aún más: la inmortalidad, o por lo menos la supervivencia en el otro mundo, no será concedida a todos los hombres, sino solamente a los *participantes en esos misterios*[..] los misterios de Eleusis - ya famosos en el siglo VII a. C, - proponían al

> iniciado, mediante la leyenda de Deméter ("Tierra madre", diosa de la vida vegetativa y de las mieses), la idea de que, así como la vegetación alterna el nacimiento con la muerte, así la suerte del hombre es nacer, vivir, morir, para luego volver a nacer y a vivir y a morir, en perpetua cadena. (D'amico. 1954; 29 - 30)

Entrando a considerar específicamente el teatro escolar se pueden extraer algunos elementos que constituyen la esencia ritual escénica:

*El relato:* hay una narrativa específica, está constituida para ser representada (dramaturgia), tiene una intención y un sentido que subyacen a la puesta en escena; lo que se pone en escena quiere o necesita decir algo. *Los temas* tocan, esencialmente, las problemáticas inherentes a la condición humana, la supervivencia sociocultural del sujeto, nacer, vivir, morir en una realidad construida en comunidad. En cuanto a los *roles*, cada personaje pone en tensión al sujeto individual y social con lo inesperado, la incertidumbre, metafóricamente los temas expuestos en el ritual escénico, a través de los actores, se torna sobre los mitos y creencias que se tienen de la realidad, para volver a nacer, a vivir y a morir en cadena perpetua. *El lugar,* es un espacio determinado donde ocurre la representación, no es un lugar inamovible, (puede ser un recorrido, como ocurre con las procesiones religiosas), pero sí el sitio que convoca para dirigir la mirada sobre el ritual.

La revelación de *lo oculto:* casi ninguna obra de teatro busca mostrar lo obvio, el ritual escénico induce al descubrimiento de lo misterioso (subtexto), lo que lleva al espectador a encontrar, a develar; se crea y se re-crea permanentemente la obra.

El rito de *iniciación:* la experiencia como tal es individual y única, por tanto, irrepetible. Cada quien, desde su mundo de experiencias constituído e incorporado, llega a una obra de teatro a dejarse sorprender: no hay respuestas determinadas, no hay verdades reveladas, no hay dogmas.

*El conflicto:* es identificado como situación básica de la acción dramática, que enfrenta y opone a los personajes durante el desarrollo de la obra (Delgadillo 2006; 13), así mismo es la oposición de fuerzas que luchan por vencerse unas a otras, el deseo de obtener algo donde se contrapone a otro deseo de impedir que se logre, para que finalmente una de las dos suponga el triunfo sobre la otra. Lo oculto, lo secreto, lo indecible, lo íntimo, lo profundo, es el principal motivo por el cual se asiste al ritual del teatro.

El teatro encierra gran complejidad en su estructura, además de ofrecer abundancia de referentes simbólicos y metafóricos para su comprensión, y para ello se requiere de dispositivos cognitivos y de saberes adecuados para poder navegar en su interior. Precisamente esta es una de las razones que da importancia a la Educación Artística, al Teatro y la Danza como prácticas del ser.

El teatro, y por supuesto la danza, son disciplinas que tocan de manera directa al organismo de los sujetos para su interpretación. No es solamente lo subjetivo y lo subjetivado en términos mentales de la comprensión de la realidad en la obra de arte, es también lo incorporado que desencadena la reacción física, biológica, orgánica, literalmente vital de pensamientos, emociones y sensaciones:

> El arte representa el centro de todos los procesos biológicos y sociales del individuo en la sociedad, que es medio de establecer el equilibrio entre el hombre y el mundo en los momentos más críticos y responsables de la vida. Esto supone una refutación radical del enfoque del arte como adorno. (Vigotsky. 2005; 316)

Un texto dramatúrgico no se representa, se vuelve vida en escena. La palabra, la acción el gesto son vividos en la interacción escénica. Toda palabra encarna una acción y una reacción del organismo por ser una construcción histórico-social del hecho que se representa. Implica poner a circular a través del cuerpo lo que se siente, lo que se percibe, lo que se piensa, lo que se cree. Es una realidad que se crea, es un personaje que se subjetiva como único, una metáfora de un arquetipo de sujeto que cuestiona la condición humana desde una perspectiva de momento, de lugar y de situación determinada, con una intención precisa. Es el juego de la creación en escena, para que sea creíble, verosímil y convincente, deber ser orgánico. No de otra manera se podría representar, porque no se trata solamente de mimetizarse en la realidad escénica sino de hacerla sentir al espectador. Es un acto de comunión a través de la obra:

> La percepción (representación e interpretación) de una obra artística representa un trabajo psíquico difícil y arduo. Evidentemente, la obra de arte no se percibe con una total pasividad del organismo [...] una obra de arte, en realidad representa sólo un sistema organizado de una manera especial de las impresiones externas o de las influencias sensibles sobre el organismo. Pero estas influencias están organizadas y construidas de tal manera que despiertan en el organismo un tipo de reacción distinto al habitual, y es esta actividad peculiar, vinculada a los estímulos estéticos, lo que constituye la naturaleza de la vivencia estética. (Vigotsky. 2005; p. 362-363)

Así, el valor social del teatro, como obra de arte, no está solamente en la puesta en escena, sino en lo que en ella subyace de realidad, experiencia y metáfora-símbolo creada sobre los fenómenos de la condición humana para cada persona, entendiendo como fenómeno no la anomalía sino aquello que está oculto en la apariencia. La obra de teatro es un pre-texto, no solo una disculpa para develar lo oculto de la condición humana, sino que también dice más de lo que el mismo texto tiene escrito. El valor de la obra de teatro como objeto cultural, radica en que de ella se desprenden otras formas de comprender la realidad que se representa. Es un todo, que trasciende el texto literario, porque además está el texto corporal, sonoro, visual que dice de la realidad en su complejidad y, de diferentes formas, es comprendido e interpretado por la propia experiencia del espectador: "la obra de teatro, el "producto", el objeto cultural, es a la vez el reflejo de los planos de la realidad latentes en su conformación histórica, así como fruto de la elaboración colectiva de los individuos que la actúan" (Merchán. 2009, p. 37).

He aquí otro aspecto importante en el teatro: su carácter colectivo. Dramaturgo, actor, director, sonidista, luminotécnico y escenógrafo constituyen una colectividad en la que se integran lenguajes para crear el ambiente de la obra. El ejercicio mancomunado y solidario de todos los participantes en la puesta en escena es el que crea la ilusión de realidades en los mundos posibles del escenario. Para ello se debe ser "consciente de lo aprendido, [...] existe entonces, la posibilidad de que se encuentre algo más de lo que se espera y que se amplíe el horizonte al establecer relaciones de sentido a partir de nuestro "actuar en el mundo" (Merchán. 2009, p. 42).

El valor pedagógico que tiene el teatro, está también en su proceso de montaje, cada aspecto de la puesta en escena es un texto, que se escribe con la intención de ser leído. Para Trozzo, Vigiani y Sampedro (2003), la creación colectiva tiene un gran valor pedagógico, desde el desarrollo cognitivo de los estudiantes, y en general de quien haga parte de un montaje, especialmente porque pone en funcionamiento diferentes procesos cognitivos simultáneamente, orientados a lograr el sentido que se busca con la creación dramatúrgica. Para ellas la creación colectiva:

> Refuerza y mejora los circuitos neuronales, incrementa las posibilidades de apropiación del saber y facilita los futuros procesos de evolución y aplicación de ese saber en otros ámbitos [...] activa la memoria colectiva e individual y la transforma en instrumento de posible cambio o reacomodación interna de la realidad percibida. (Trozzo, Vigiani y Sampedro. 2003; p.10)

Es una manera de evocar en la práctica escolar, las formas de producción social de conocimiento, a través de la experiencia colectiva acumulada. Si bien es evidente el proceso fisiológico cuando plantean la activación de las redes neuronales, igualmente lo orientan a que esto es gracias a la recuperación de la memoria colectiva de una comunidad, desde la experiencia individual.

Al evocar el carácter pedagógico del teatro, resulta necesario mencionar que, para llegar al nivel de abstracción, comprensión y complejidad de la obra, se requiere de unas transformaciones en la manera como se estructura el sistema simbólico en el pensamiento de los sujetos. Esto para indicar que el teatro como forma de conocimiento en la escuela, es más que la presentación de obras en eventos escolares. Es, en principio, una manera de acercar a los estudiantes a "representar todas las colectividades de su propia vida colectiva", como lo recuerda Lola Poveda en el texto de Antropología Teatral (1995).

En el teatro es indispensable incorporarse en el *ser* de otro *ser* que no se *es*, en un contexto espacio temporal ilusorio, creado o principio de alteridad en escena, es el juego ritual en el que se involucra al sujeto estudiante - actor a través de la obra teatral.

> Desde el anterior principio de alteridad, el arte dramático no puede convertirse en acciones operativas mecánicas que bloqueen el sentido social y cognitivo de la expresión. Existen diferencias en la acción dramática de un niño o niña y un adolescente, las capacidades cognitivas referidas en la comprensión de la estructura dramática, el sentido del movimiento o el gesto y la comprensión del juego metafórico varía según la edad. (Álvarez. 2010; p. 2)

Sin embargo, la edad cronológica no es el único aspecto a tener en cuenta. Respecto al seguimiento de algunas producciones dramatúrgicas en el encuentro escolar de teatro, EntrEscena, acuñó la siguiente reflexión, compartida en el encuentro de investigación del 2011. La licenciatura de educación artística de la Universidad Distrital, hizo el hallazgo de los estadios: inicial, medio y avanzado de la puesta en escena, que muestran las transformaciones en la manera como se aborda la obra de teatro en tres categorías de análisis: lenguaje-texto, situación escénica y estructura dramática; esto significa también transformaciones en el pensamiento simbólico-metafórico para su representación en escena.

Estas tres categorías obedecen a una manera de recoger las posibilidades de análisis del ejercicio escénico en la escuela. Por ser un proceso enmarcado en el ámbito educativo tiene unas particularidades inherentes a lo que es la escuela. Los estudiantes no se preparan para ser actores, no tienen formación actoral y por tanto se debe educar, alfabetizar en la teatralidad mientras se realizan los montajes. Sin embargo, esto no disminuye la complejidad con que se aborde la obra.

Es de aclarar que el texto hace referencia a cualquier forma de representación simbólica (corporal, sonora, visual, espacial, etc.). La situación escénica hace referencia a la manera cómo se resuelven problemas de interpretación en escena en la perspectiva dramatúrgica, y la estructura dramática a la "interacción intuitiva-intencional, icónica, mimética (mimesis) de los aspectos materiales (nociones, significados, vivencias y experiencias para la puesta en escena), elementos (texto dramático, puesta en escena, interpretación), medios (lenguaje corporal, sonoro, visual) para la elaboración del relato escénico y su representación teniendo en cuenta las series de la secuencia narrativa: tiempo-espacio-personajes-acciones-conflicto-desenlace-final"

La obra es un elemento vivo tal como lo relata Cantú (SF), se adentra sin fraccionarse en la vida y la llena de sabiduría y ricas experiencias y aunque la psicología ha sido el campo donde más se sustenta su importancia y se le asigna valor terapéutico, queremos aquí mostrarla como un campo con fin en sí misma y con una tarea pendiente en el aula, siempre nueva y sorprendente.

Para comprender el teatro escolar, se han mencionado las características y razones de lo escénico y el cómo hace aportes formativos en los futuros artistas, críticos o público de espectáculos performativos de teatro que se instauran desde la escuela. Entendiéndose como un relato dramatúrgico aquel que se construye y adquiere sentido y significado cuando es puesto en escena.

Es un medio y fin a la vez, un medio porque a través de él se accede a la formación del lenguaje simbólico-metafórico del arte y un fin porque es el teatro para el teatro, para su propia comprensión es que se trabaja en la escuela, no tiene ni metas moralizantes, ni normalizadora de comportamientos, ni pretende ser instrumentalizada por otras asignaturas ni otras formas de conocimiento. Sin embargo, es de resaltar su carácter interdisciplinario, ya que recurre a otras formas de conocimiento (psicología, antropología, sociología) para comprender el proceso de formación en el lenguaje teatral, de la expresión dramática y el sentido que se construye a través de la representación escénica. Por supuesto que ubicado en el contexto escolar, contribuye a formar ciudadanía desde las posibilidades que ofrece el pensamiento crítico. (Iwai, 2002)

El teatro se encamina a complementar el desarrollo del lenguaje, mediante los recursos gestuales, de acción-reacción, de imagen, sonido que son vinculantes en el relato escénico. Se privilegia el cuerpo antes que la palabra. La palabra en sí misma es cuerpo, es emoción, es sensación, es imagen, es acción. En esto constituye la posibilidad de producción simbólica y de metaforización del cuerpo. El cuerpo en el teatro escolar es un medio a través del cual se producen analogías de lo humano, del ser, de lo subjetivo, de la experiencia compartida (con el público), de las preguntas sobre el sí mismo y los otros sí mismos, aun en los casos en los que se utilizan objetos para la representación de lo humano. (Poveda, 1995; León 2014)

El juego teatral y la experiencia teatral, son la fuente primaria del proceso de enseñanza en el teatro escolar, de esta manera se busca preservar su carácter ritual, su permanente movilidad porque hay una búsqueda permanente de respuestas, hay una exploración desde las capacidades y de las expectativas; de modo que cuando se llegue a la representación teatral se mantenga la frescura de la puesta en escena, se logre seguir creando atmósferas emocionales, sensoriales y de sentido escénico. Cada experiencia es un potencial de aprendizaje: porque se sigue aprendiendo sobre lo hecho, tanto en el acierto como en el error, la duda y la certeza, lo posible y lo imposible, lo que fue y lo que no fue durante la representación. (Poveda, 1995; Castaño, 2000)

A manera de síntesis, se expone esta apreciación de lo que se puede entender el teatro escolar:

Proceso pedagógico constituido por la experiencia dramática, que aporta a la formación de pensamiento y lenguaje dramatúrgico, como arte vivo, en un espacio y tiempo escénico donde se representan situaciones que interrogan, develan y reflexionan sobre los fenómenos de la condición humana, mediante acciones simbólicas y metafóricas incorporadas en el texto y el lenguaje de la escena de forma visual, sonora, corporal, gestual, espacial y temporal.

Apoyados en este concepto, el teatro escolar, como acción simbólica expresiva, permite que los educandos exploren su emocionalidad, su capacidad de representar la realidad mediata e inmediata de los diversos contextos (propios o imaginados) donde se reta la imaginación, la fantasía, la mimesis y por tanto la capacidad de crear otras realidades; de esta manera relacionarse con el complejo universo de signos y símbolos a los que se ve abocado irremediablemente como ser perteneciente a una comunidad.

Como complemento, se requiere dar un lugar al teatro escolar como forma de conocimiento. Esta concepción de teatro escolar, como forma de conocimiento fortalece la capacidad cognoscitiva porque involucra diferentes procesos, directos e indirectos, como los ejercicios corporales, la lectura, las puestas en escena, el estudio del personaje, y de las situaciones de la obra, los cuales optimizan estrategias encaminadas a reconocer concepciones sobre los fenómenos de la condición humana, para poder confrontarlos con la propia experiencia y la de otros, y lleva a producir nuevas ideas y comprensiones de la realidad. De manera indirecta se está reflexionando, revisando, valorando, decidiendo sobre lo que se puede y no se puede hacer con el personaje, con la obra, con el proceso de creación, favoreciendo el desarrollo de la capacidad crítica.

Otro argumento a la producción de una manera de procesar y administrar el saber es el desarrollo de la creatividad como acción individual y colectiva en la cual participan todos los integrantes del proceso de enseñanza aprendizaje. Cuando un docente pone en juego su saber e imaginarios pedagógicos del teatro en el desarrollo de una clase, se visibilizan didácticas o acciones particulares que caracterizan la práctica educativa. Estas acciones lideradas por el docente afectan de manera directa los aprendizajes de los estudiantes y crean un ambiente particular en cada colegio sobre la clase de teatro y su particularidad de producir metáforas.

## La puesta escénica escolar

La puesta en escena para la danza y el teatro escolar, como experiencia artística, establece unas categorías que caracterizan el proceso de creación escénica. Para el caso se denominan estadios de desarrollo dramatúrgico. Para abordar la descripción de cada uno de ellos era necesario tener en cuenta algunos aspectos concernientes al carácter cognitivo de las artes escénicas (el teatro y la danza), que ya han sido enunciados a lo largo del texto. Las categorías que componen cada uno de los estadios: lenguaje y texto, situación escénica y estructura dramática, son el insumo para conocer las transformaciones cognoscitivas que se dan en el proceso del estudiante.

### Lenguaje y texto

Se refiere al sistema de representación verbal, gestual, químico, gráfico cuya función es la comunicación y el intercambio social en un contexto específico. En el lenguaje se asimila la experiencia social individual y colectiva, decantada en el sistema simbólico-conceptual abstraído de la realidad vivida y la realidad incorporada (hecho cuerpo) (Chomsky. 1994; Vigotsky. 1999; Luria 2000). El texto, por su parte, se refiere al texto dramático, aquel que se escribe y adquiere vida en escena, se crea para que cumpla una función expresiva y comunicativa en escena.

## Situación escénica

Se refiere a la manera en que se tejen las diversas circunstancias de conflicto que ocurren en escena y cómo se resuelven para abordar la teatralidad del juego escénico, del ejercicio teatral o de la obra de teatro. Ubican las relaciones y complejidades que se producen entre los diferentes personajes en el transcurso del tiempo cronológico, verbal, escénico y la transformación física, emocional, de lenguaje verbal y no verbal que se dan en cada uno de ellos durante el desarrollo de la obra y que, además, permiten comprender el sentido y la intención de la obra.

## Estructura dramática

Se refiere al conjunto de elementos que orientan y definen el sentido, carácter e intención de la puesta en escena y que permiten no sólo narrar la historia (planteamiento, conflicto, desarrollo, clímax, desenlace), sino que además fortalecen el lenguaje escénico: texto verbal, corporal, música, efectos sonoros, escenografía y vestuario dan identidad a la puesta en escena.

Estas categorías se mantendrán constantes en cada uno de los diferentes estadios del desarrollo dramatúrgico, con el fin de poder comprender a qué se refieren las transformaciones que se dan en cada uno de ellos.

El concepto de estadio provicne de lo expuesto por Piaget para el desarrollo de la inteligencia. En este caso, se refiere a la funcionalidad que tienen una serie de elementos inherentes al proceso de desarrollo dramatúrgico, escénico y de creación de las puestas en escena del teatro escolar, como son: 1) La capacidad para comprender e interpretar los textos para transferirles propiedades dramatúrgicas y de representación escénica. 2) El entrenamiento del lenguaje corporal como instrumento y medio para comunicar el sentido y la intención del relato escénico. 3) La capacidad para integrar diferentes lenguajes del arte en la puesta en escena, de modo que se constituyan en mecanismos imprescindibles que refuerzan, complementan u otorgan el sentido y la intención. 4) Y, finalmente, la disposición para investigar en la realidad los fenómenos de la condición humana, al establecer relaciones intertextuales (continuas y discontinuas) para construir conocimiento artístico a partir de las puestas en escena.

Esta propuesta de descripción y delimitación de los estadios de desarrollo dramatúrgico y escénico pretende servir de referente para iniciar a profundidad una validación de ellos, a partir de estudios de caso. Lo que se presenta a continuación es el resultado de los hallazgos producidos, como consecuencia del análisis más profundo de las clasificaciones hechas al proceso de creación teatral escolar. A su vez, sirven como instrumentos de indagación para comprender mejor los procesos pedagógicos y de transformación cognitiva, en el interior de la experiencia vivida por los grupos de teatro de los colegios participantes en el encuentro de teatro escolar EntrEscena.

Las categorías que componen cada uno de los estadios: lenguaje y texto, situación escénica y estructura dramática, se describen brevemente y se sustentan con ejemplos ilustrativos, ya que son los insumos con los cuales se establecen los conceptos y referentes teóricos para diseñar y aplicar los instrumentos correspondientes para su validación.

Durante estas doce versiones del encuentro EntrEscena se han consolidado conceptos y nociones que convocan la escena y que son necesarios para argumentar el lugar del saber que resulta de la práctica e identifica el nivel de desarrollo, producción y profundidad en esos campos conceptuales. De ellos resulta el estadio, entendido como el periodo donde transita una vivencia, saber o experiencia para la estructuración de la puesta en escena de los diferentes grupos participantes.

Los estadios del teatro escolar surgen tras un proceso detallado de observación y análisis, que se refiere a las funciones mentales en construcción. Son etapas o fases donde cada estadio conduce a otro de mayor complejidad, no necesariamente se refiere a periodos de tiempo o grupos de edad, sino a condiciones propias del dominio del grupo de teatro escolar. Puede, además, ser un curso con una asignatura o un grupo institucional o conformado por selección, que representa al colegio en el encuentro. Schwartz (1979) propone algunos principios en lo que respecta a los estadios expuestos; para este caso se reelaboran para comprender el nivel de apropiación alcanzado en un momento determinado y orienta la mirada hacia dónde se dirige el desarrollo escénico.

Los estadios de desarrollo dramatúrgico son *nivel inicial*, donde se abordan ejercicios teatrales desde las realidades de sus hacedores, seguido por el juego dramático que compromete una recreación por parte de los niños o jóvenes y niveles de dominio y autorregulación. El *nivel básico*, donde la coherencia dramática se deja ver con tareas y acciones de los integrantes del grupo. El *nivel medio* contiene un texto teatral y existen personajes apenas esbozados. Y, por último, el *nivel avanzado*, donde se ven las puestas en escena de obras y relatos completos con personajes, tramas, peripecias, todos los elementos de la escena convergen para satisfacer al público. Como se mencionó, se validan teniendo en cuenta las categorías de texto, situación escénica y estructura dramática.

Con este entramado de estadios surgen razones que apoyan otras posibilidades de investigación dentro de la pedagogía de las artes escénicas en danza y teatro, y se debe recalcar la importancia que tiene esta práctica artística para el desarrollo cognitivo de las personas. El solo cambio de percepción que se produce mediante la modificabilidad del pensamiento, al tener que abordar la realidad desde un punto diferente a la realidad misma, comprenderlo para representarlo, causa la divergencia, la convergencia, la alteridad como producción simbólica y metafórica a partir del cuerpo. Esto contribuye a la construcción de imágenes mentales, corporales, sonoras, visuales orientadas a recrear, reconstruir, alimentar y fortalecer la creación y representación de nuevas realidades en escena.

El teatro escolar, es más que la puesta en escena de cualquier ejercicio, en el estadio en el que se le ubique, es ante todo, una posibilidad creativa interdisciplinar, un recurso mediante el cual se puede cuestionar e indagar al ser como sujeto cultural, social y político utilizando los diferentes lenguajes presentes en la puesta en escena. En la generalidad los estadios se describen en sus diferentes niveles así:

**Inicial:** estadio en el que se abordan juegos dramáticos, con resultados positivos sobre todo en el referente actoral, es decir, en las incorporaciones o asunciones de objetos, animales, plantas u otras figuras (naturales o imaginarias) necesarias para el juego dramático. Al propio tiempo, debe verse la coherencia dramática del juego, especialmente con respecto a su tema o motivo, y a cómo el juego se piensa y construye desde las reales posibilidades de sus hacedores. Se identifica a partir de:

## Incorporación de figuras y objetos

Donde la organicidad, desde lo lúdico, el manejo de la espontaneidad en el manejo del cuerpo y de la voz, permiten identificar que se encuentra en un proceso formador inicial.

## Coherencia dramática del juego

Aquí el tema o motivo ocurrente con el que se asume la propuesta escénica, se evidencia específicamente a través de una estructura de la acción para escenificar ese tema o motivo en forma de juego que se proyecta favorablemente en el espacio escénico.

**Básico:** estadio en el que se abordan ejercicios teatrales como resultado de procesos de aprendizaje actoral, aclarando previamente a qué fase concreta del aprendizaje actoral corresponden los ejercicios teatrales mostrados. Al mismo tiempo, la coherencia dramática del ejercicio teatral (exposición-desarrollo-cierre) debe ser sólida, sobre todo para facilitar la calidad del desempeño actoral y el posible empleo dentro del ejercicio de objetos o sonidos.

**Dramaturgia del ejercicio:** aquí se logra una coherencia dramática y temporitmo con el espacio escénico en función del ejercicio. Los recursos expresivos empleados (escenografía, iluminación, sonido, vestuario, utilería, otros) corresponden a la acción dramática propuesta como ejercicio dramático.

**Trabajo actoral:** Se aprecia la cualidad en el desempeño de la tarea escénica, hay un manejo de emociones y sensaciones acorde a la propuesta escénica, según el manejo del cuerpo, de la voz y de los recursos expresivos extracorpóreos.

**Medio**: estadio en el que se presentan puestas en escena que parten de textos teatrales existentes como tales. Los referentes dramático, actoral y escenotécnico deben converger en una puesta en escena reconocible por su calidad, promedio o suficiente.

## Dramaturgia y puesta en escena

Se logra una posición de la puesta en escena frente al texto teatral, con coherencia dramática y tempo-ritmo, con una atmósfera dramática y poética del escenario.

## Recursos técnico-artísticos

El manejo de escenografía, iluminación, sonido, vestuario, utilería, entre otros, son los adecuados para la propuesta escénica.

## Construcción de personaje

La interiorización y vivencia orgánica, el texto corporal y gestual, el manejo de la voz, además de otros aspectos a destacar son adecuados a la propuesta escénica que se propone.

**Avanzado:** estadio en el que se presentan puestas en escena que parten de adaptaciones de textos (teatrales o de otro género literario); o que han sido creadas colectivamente (la creación colectiva podrá ser de la dramaturgia textual y/o de la dramaturgia espectacular-puesta en escena). Los referentes dramático, actoral y escenotécnico deben converger armónicamente en una puesta en escena reconocible por su calidad elevada o sobresaliente desde distintos puntos de vista.

## Dramaturgia y puesta en escena

La propuesta supera y se evidencia en la calidad de la adaptación o de la creación colectiva del texto dramático, en función de la puesta en escena, tempo-ritmo y recepción de la puesta en escena, en la atmósfera dramática y poética del escenario.

## Recursos técnico-artísticos

El empleo de escenografía, iluminación, sonido, vestuario, utilería y otros cumple con los criterios profesionales del teatro.

## Construcción de personajes

La interiorización y vivencia orgánica en asociación con el texto corporal y gestual, el manejo de la voz y los otros aspectos destacan la construcción de personajes con un alto nivel interpretativo.

Con esta exploración y aproximación en conceptos propios de la formación básica en artes escénicas en la escuela, el centro de investigación CIAES, establece razones argumentativas en la investigación sobre la pedagogía de las artes escénicas en danza y teatro, reconociendo que se hallan como antecedentes los siguientes aspectos:

El 70% de las producciones que han participado en EntrEscena, involucran la incidencia de las artes escénicas en la convivencia escolar en el aspecto de imaginario, representación, la modificabilidad simbólica y la afectación de la imagen mental con la alteridad; representación y metáfora corporal son aspectos que modifican la percepción y por ende la convivencia.

Se debe recalcar la importancia del cambio de percepción mediante la modificabilidad cognitiva que causa la alteridad y la metáfora (corporal) en el individuo; la construcción de imágenes permite recrear, reconstruir, alimentar y fortalecer redes neuronales que hacen de la metáfora corporal una posibilidad creativa interdisciplinar.

Específicamente, en lo que respecta a los estadios y su estructura interna de acuerdo con los propósitos de la práctica teatral, mencionan tres categorías que los constituyen. Estas categorías que componen cada uno de los estadios: lenguaje y texto, situación escénica y estructura dramática, se describen brevemente. Son los insumos con las cuales se puede establecer los conceptos y referentes teóricos para diseñar y aplicar en una siguiente etapa de investigación los instrumentos correspondientes de validación.

Hasta el momento se puede decir que está la estructura y la descripción, pero se requiere hacer una verificación de cada uno de los estadios en trabajos escénicos que sirvan de fuente de información y permitan comprender mejor esta propuesta. Para orientar la comprensión, se describen los estadios mediante las categorías que atraviesan a cada estadio y determinan la complejidad que implica cada uno de ellos:

# Estadio inicial: ejercicio teatral

## Lenguaje y Texto

Priman la imitación y la transcripción (del texto a la acción) de experiencias para la aprehensión de los componentes escénicos fundamentales, corresponde al nivel nocional, literal y de apropiación del lenguaje escénico.

## Situación escénica

Capacidad para resolver problemas básicos de interpretación (coherencia, precisión / sentido e intención).

## Estructura dramática

Interacción intuitiva, mimética (mimesis) de los aspectos materiales: nociones, significados, vivencias y experiencias para la puesta en escena, elementos (texto dramático, puesta en escena, interpretación), medios (lenguaje corporal, sonoro, visual) para la elaboración del relato escénico y su representación, teniendo en cuenta las series de la secuencia narrativa: tiempo - espacio - personajes -acciones - conflicto - desenlace - final (León; 2012).

# Juego dramático

## Lenguaje y texto

Mirada Sinóptica del relato escénico, búsqueda y exploración de alternativas (improvisación-recreación), en función de las posibilidades de comprensión y representación del tema de la obra. Pertenece al nivel de desarrollo significativo, pre-conceptual.

## Situación escénica

Sentido que tiene el personaje y su relación con otros en el relato escénico (vivencia - construcción), inferencia del significado general (sentido) del texto dramático, apropiación de la intención comunicativa que tiene la obra para la puesta en escena.

## Estructura dramática

Comprensión de las posibilidades de interacción que tienen los aspectos inherentes a la educación artística: materiales, elementos y medios, el sentido que tienen dentro del proceso de construcción de la intención del relato escénico y los recursos expresivo-comunicativos utilizados para resolver problemas dentro de la secuencia narrativa y la puesta en escena.

El juego dramático se centra en el orden metodológico y de enfoque que tiene el juego, por ser la manera recurrente en que el arte se incorpora en el cuerpo y el cuerpo (estudiante) entra en el arte (Farina, 2005, p. 389). Es método cuando el maestro-director, a través del juego, decide la puesta en escena, en cuyo caso comporta por lo menos los siguientes elementos: 1) la improvisación surgida de un dominio temático que conlleva un conflicto, su desenlace y las peripecias de los personajes que tejen ese entramado; así, el juego significa una deliberada generosidad en marcaciones exactas de tiempo y espacio (entradas, salidas, ambientes, utilería, vestuario, apoyos técnicos), a su vez comporta las reglas internas de los actos escénicos. 2) La correlación acción - reacción de los actores consigo mismos y con los personajes durante el juego dramático permite reconocer y apreciar las potencialidades y facetas que son puestas al servicio del conflicto y las peripecias físico-emocionales para el desarrollo del relato dramatúrgico. 3) La memoria, exactitud y afinación para evocar, recrear, reproducir y mantener algunas resoluciones de las situaciones (peripecias) conjuntas e individuales, determinan el alcance que se tiene en el manejo del conflicto, fortaleciendo la coherencia temática y la cohesión de la puesta en escena.

Al asumirlo como enfoque, el director - docente que lo utiliza orienta su práctica pedagógica hacia la estrategia de laboratorio teatral, obtenido de posturas basadas en los entrenamientos de actores para la realidad escénica. Busca entonces la interiorización de la realidad del personaje en una cadena de sucesos que armen una historicidad que impregne a su vez, la producción de la realidad escénica. En la escuela esto es, ni más ni menos, lo que se hace en los lapsos de clase. El juego dramático responde y resuelve, a través de la exploración y búsqueda de alternativas desde las capacidades y posibilidades de desarrollo del estudiante con un montaje para participar en festivales o eventos de una manera rápida pero profunda.

## Obra Teatral

### Lenguaje y Texto

Su proceso de elaboración se centra en la creación - investigación, basado en la apropiación y utilización de técnicas actorales específicas. Corresponde al nivel de desarrollo categórico, conceptual e interdisciplinar y de pro-ducción crítico, inter-textual.

### Situación escénica

Capacidad para construir el carácter y la caracterización de forma colectiva a partir de elaboraciones conceptuales de orden social, político, filosófico, psicológico y el uso de refe-rentes bibliográficos. Está en capacidad de elaborar catego-rías para la sistematización, producción y reproducción de la representación en diferentes niveles diferenciables con gran precisión durante la puesta en escena. Logra, a través de su interpretación establecer y/o proponer el sentido y la intención planteada por el autor a través del estudio de la obra (otros textos, otros autores, otras puestas en escena…).

## Estructura dramática

Hay un concepto claro, abordado desde el tema general de la obra, que atraviesa y se desarrolla en la puesta en escena, en el que cada una de las series de la secuencia dramática aportan un aspecto necesario e imprescindible en el relato dramático. Es diferenciable y claro el tejido de lenguajes y medios que dan sentido a la construcción colectiva simbólico - metafórica del relato, que definen la intención comunicativa de la puesta en escena. Es un estadio de mayor elaboración, sobrepasa el juego dramático, pero sigue manteniendo su esencia de búsqueda y exploración porque asigna mayores recursos cognitivos (investigación, verificación, ajuste, lecturas inter e intratextuales en diferentes lenguajes y disciplinas) y requiere más tiempo para encontrar respuestas asertivas, acordes a la intención y el sentido del montaje. Su momento de laboratorio es fuente inicial para consolidar las aplicaciones técnicas, con la rigurosidad necesaria que determinan y ponen en conjunción todos los aspectos de la obra en función de lo que ella relata y el ambiente en el que "debe" sumergir al espectador.

Estos son los aportes que hace el teatro escolar a la formación holística de los estudiantes, cada ejercicio es una evidencia del proceso, pero también del grado de desarrollo dramatúrgico alcanzado. En este mismo sentido, lo que se presenta para el teatro debe hacerse para la danza escolar. Sería una especie de guía que sirva como ejercicio de reflexión y seguimiento que permita ubicar cuáles son las características que describen las etapas de desarrollo y de transformación del cuerpo en el lenguaje de la danza. De este modo, se podría entender la manera en que se transita por las diferentes etapas de desarrollo simbólico-metafórico corporal, afines a la experiencia dancística, que llegan a la producción de una obra de arte como producto cultural elaborado y consolidado en escena.

## La danza en la escuela

El origen y razón de la danza está en el pasado de la humanidad, en la necesidad misma del movimiento. La danza para las culturas primitivas, provoca la unión entre el alma y el cuerpo, entre la libre expresión de las emociones y la rigidez de las conductas establecidas, marca un nexo entre la vida social y la manifestación de la individualidad, del juego, de la religión, del combate y del drama (Sachs, 1967. P. 13). Conserva en ella la esencia de la vida misma, solo que trasciende a otro nivel de expresión y comunicación, en el sentido de poner en comunidad lo que se expresa. La danza es considerada como la vida misma, una necesidad que permite el vínculo directo con los dioses (espiritual), pero que en la práctica de la cotidianidad puede ir desde la preparación para la guerra, la sanación del alma, del cuerpo, hasta ser el centro de energía mediante el cual se desafían los miedos, los temores, pero que también es capaz de hacer realidad los sueños, que de otra manera serían imposibles. Es un complejo sistema de lenguaje no verbal, una construcción social de códigos corporales que adquieren la función de expresión y por ende de comunicación.

En su estructura narrativa, la danza adquiere otra característica porque enuncia la realidad, llega a considerarse obra de arte cuando la intención simbólica de su representación afecta e influye en lo humano, en el espectáculo, si bien conserva el carácter espiritual, porque evoca lo no tangible de lo humano, de sus creencias, de sus miradas del mundo, al mismo tiempo rompe el poder universal al que se refiere Kur Sachs (1967, p.16), cuando nos recuerda que la danza es un todo que une cuerpo y espíritu con el universo de las cosas, no hay una fractura con el orden del mundo, es parte de él.

La obra de arte cuestiona, indaga y propone a través de la danza lo más profundo de lo humano, que no puede ser develado ni cuestionado de otra forma sino mediante lo danzario, siendo ella, una abstracción no verbal que dice de la realidad. Por ello el bailarín la crea en cada movimiento, aun cuando siga un relato, nunca será el mismo en cada puesta en escena. A su vez tiene los visos de un narcisista, pues su propio cuerpo cuenta; aun en el colectivo es único y habla por sí y para sí mismo. De esta manera el espectador conoce la obra en toda su dimensión, tejiendo su mirada sobre ella.

Corresponde a la escuela reconocer el valor pedagógico de la danza, su papel en la modificabilidad simbólica, producido en la exploración de esquemas de percepción a través del movimiento, en la visibilización de las características en el proceso de representación mental, al vincular fuertemente la triada emoción -intención - contexto. La danza permite comprenderse como parte de la cosmogonía y conduce a la comprensión profunda de la expresión simbólica que encierra la condición humana. La danza es la poética del cuerpo en movimiento, desde la representación sensible hecha cuerpo del pensamiento sobre el mundo y la realidad a partir de la capacidad de decir a través del cuerpo danzante.

Danzar no solamente quiere decir bailar, o ejecutar movimientos acompasados con el cuerpo, brazos y pies. Existe una intención, una medida de tiempo, un espacio, un momento, una forma, una temática, unos significantes (Vahos O, p. 107), una estructura dramática que, junto al sonido, a la melodía, a la palabra cantada o a los ritmos internos, incita, provoca al danzante, hasta llegar a su máxima expresión concertada por el ritual mismo de la vida.

La danza al convertirse en una estructura simbólica expresa, es una experiencia individual; si bien se presenta a un público al que comunica algo, es ante todo una expresión de sí mismo hacia sí mismo y los otros. Por eso su carácter narcisista. La producción social del movimiento danzado construye un sistema de códigos corporales aceptados por una cultura, que al interactuar, cumple una función social directa desde el acto perceptivo y satisface el sentido de la creación.

En este sentido, la esencia de la danza está en el carácter simbólico del cuerpo humano en movimiento a través del paso danzado. La tensión y distensión muscular, espacial y temporal, en la danza, son relaciones de fuerza con la base que conduce al cuerpo en movimiento hacia la construcción de su lenguaje. Aun así, no es suficiente. El complemento está en el relato de la danza, su narrativa, su dramaturgia:

> Es menester unificar conceptos [...] elaborar, percibir, y caracterizar el lenguaje del cuerpo dentro de la dramaturgia de la danza (investigar), otorgándoles un nombre con significado: la danza dramatúrgica, noción con identidad universal que incluye investigación, pedagogía, didáctica, creatividad, filosofía, arte, estética y ética, además de un método que surge autónomamente y favorece el proceso y la construcción de una puesta en escena. (Fuentes, 2012, p.20)

El estudio de este sistema de códigos, permite entender la sutileza que tiene la danza y las transformaciones que se producen históricamente en el cuerpo en movimiento, en los gestos al interior de los grupos humanos, en la medida en que ellos van ahondando en la comprensión de su condición humana y la complejidad que representan sus relaciones consigo mismo y con los otros.

En el carácter pedagógico de la danza se encuentran, según Tambutti (2008), tres etapas: imitación, búsqueda propia y narración genuina. Cada una ofrece un amplio espectro de posibilidades de movimiento. Estas etapas corresponden igualmente a los diferentes momentos de desarrollo de la danza en las diversas comunidades. "Desde el comienzo de su concepciyn como disciplina artística, la danza inició su experiencia de autoconocimiento tomando, paulatinamente, conciencia de sus posibilidades y desterrando cualquier dependencia hasta convertirse en protagonista de su propia historia" (Tambutti. 2008; 14). La imitación, por ejemplo, es una estrategia necesaria, cuando no se tiene constituido un lenguaje del cuerpo para la danza, pero se está enseñando danza. Por su parte, la expresión, que se refiere al hacer del cuerpo desde el sentir y el sentir a la emoción y la percepción del propio cuerpo para generar el movimiento en el espacio, es igualmente importante. Por momentos es necesario dejarse llevar para explorar y descubrir otras formas de acción y reacción consigo mismo y con otros.

La separación del lenguaje literalizado permite que el cuerpo sea en sí mismo un creador de metáforas y de re-creación, a partir del estudio del sistema simbólico y de su significado, para ser reelaborado en conocimientos. Por este motivo, lo construido socialmente en una cultura es objeto de crítica e indirectamente está dirigido a la formación de públicos críticos. Estos momentos son fácilmente reconocidos en el aula de danzas porque hacen el gran aporte a la configuración, administración de un saber propio del campo del arte escénico, adquirido o apropiado de quien lo produce. Estos aspectos dan valor pedagógico a la enseñanza de la danza, son enriquecidos cuando se les otorga atributos de conocimiento desde el lenguaje del cuerpo, por tanto, forman pensamiento.

La danza en la educación se refiere al carácter mismo de ella en la escuela, del modo en que llega a constituirse en un medio de expresión alternativo al que se hace a través de la oralidad o de la escritura. La danza educativa es, entonces, "una danza para educar cuerpos y mentes, abrir compuertas a la inteligencia muscular y a la percepción personal del mundo, de la vida, del lenguaje corporal con gramática propia y posibilidades de expresar lo que no dicen las palabras" (Moya. 1995; P.5). La danza es más cercana a la lúdica porque permite explorar, construir, deconstruir, descubrir para darse un lugar en el mundo y para comunicar a través del cuerpo en movimiento. En este aspecto radica la necesidad de tener claro qué es lo que se pretende cuando se va a hacer una puesta en escena para la escuela desde la danza.

La puesta en escena, generalmente obedece a los mismos principios señalados para la construcción colectiva del teatro en el aula. Solo que se ofrece una mirada diferente de los elementos que la componen y la consolidan como narrativa corporal. Monroy (2003) señala tres elementos a tener en cuenta para la creación en danza:

> 1) La **temática** (el qué, el contexto), se orienta a aquello a lo que la danza hace referencia [...] ¿De qué se trata? 2) La **historia** (el cómo - el para qué), se refiere al trabajo de puesta en escena, remite a una estructura narrativa específica, a la dramaturgia, lleva a considerar los múltiples recursos necesarios para contar la historia. 3) La **Kinesis** (la forma - lo estético), las formas que adopta el cuerpo en escena mediante el paso danzado; se concentra en la búsqueda de alguna secuencia de movimiento que pueda ser mostrada a un público y que dé cuenta del relato. Bien sea una danza, un baile, un juego coreográfico, siempre se orienta a la formación del sujeto en las dimensiones biológica (corporal), emocional, social y cultural. (Monroy. 2003; 165 - 167)

La danza por sí misma se considera un escenario educativo innovador, que involucra procesos cognitivos, creativos, metodologías alternativas y orientaciones epistémicas que van más allá de la simple imitación planimétrica o recreación coreográfica.

Cabe resaltar que la composición coreográfica (Plata Martínez, 2009), debe asumir procesos creativos en la creación corporal, planimétrica y dramática. Se escoge un tema específico que aguce la observación, consolide objetivos en la resignificación de símbolos y en la creación de metáforas. El diseño del libreto, producto de una creación literaria para la danza, teje el constructo planimétrico y corporal. El trabajo colectivo, es una creación que afecta las capacidades expresivas de todos los participantes del proceso. Parafraseando al docente Hanz Plata (2009): permite la intervención directa de los ejecutantes, quienes construyen las planimetrías de manera colectiva teniendo en cuenta los intereses creativos de todos los participantes, hace evidente un proceso cognitivo creativo, producto de la observación y del análisis.

El estudiante se ve abocado a reconocer los atributos relevantes del tema indagado, a llevarlos a un proceso analógico para llegar a la construcción de la figura o la forma, es decir a la metáfora corporal. Son necesarios entonces dispositivos o mediadores cognitivos que permitan el encuentro directo con el tema a indagar para llegar a la creación escénica.

Por tanto, la danza escolar desde una pedagogía para pensar, se refiere al: Proceso pedagógico consolidado para la formación y expresión del lenguaje corporal, mediante procesos creativos que implican reconocimiento de su corporeidad y construcciones cognitivas, producto de la vivencia y de relaciones analógicas para llegar a la representación coreográfica como puesta en escena, y que provoca una estructura dramática según los contextos.

La danza como expresión simbólica es una disciplina que da cuenta de la riqueza expresiva corporal, trasciende los procesos de imitación, hasta llegar a otras innovaciones. Las creaciones dancísticas deben analizarse con mayor detenimiento desde la escuela para develar su función social y cognitiva dentro de la construcción de saberes, como sucede, por ejemplo, en la mojiganga, la comparsa o la estampa.

Las exposiciones conceptuales en torno al arte escénico como acción pedagógica, cognitiva y artística, son una construcción resultante de la experimentación y análisis en la misma práctica escolar; como referente académico, son susceptibles de revisión para su ampliación, transformación y adecuación a otras condiciones educativas, pedagógicas, artísticas semejantes o para ser un referente con fines de investigación.

## Pedagogía para pensar la educación artística

La pedagogía para pensar en educación artística es la concreción al unísono de dos prácticas de enseñanza para el aprendizaje en la escuela: la primera, la educación para la formación del ser, el hacer y el saber desde una perspectiva holística; la segunda, la capacidad de interacción con el otro y el mundo de las cosas (tangibles e intangibles) que van del expresar -expresarse metafóricamente al comunicar-comunicarse mediante el lenguaje artístico.

La experiencia en educación artística, llevada a cabo en el territorio de la escuela por parte del grupo de investigadores, ha decantado algunos elementos constitutivos de esta manera de comprender la pedagogía, los que se establecen en indicadores, descriptores de esta propuesta y son: la libertad, la experiencia desde una perspectiva holística, la metáfora corporal en el acto escénico, el relato a través de la dramaturgia de la danza y el teatro y el acto creativo en escena.

La libertad se ubica como un lugar y una condición propia de la relación tiempo-espacio en la que ocurre la puesta en escena de la danza o el teatro. En este instante el proceso de creación impregna el cuerpo con actos de índole sensible y experiencial, donde el hacer toma posesión en la representación y el pensar se desprende de aquello que lo restringe y se transforma en la creación. Una libertad constituida por la imaginación, la exploración de alternativas que enriquecen la experiencia escénica, enmarcada en una condición ética de autodeterminación en condiciones de igualdad con el otro. "La libertad define un territorio co-habitado por la cultura, costumbres, saberes, pensamientos, ideologías, capacidades, fantasías, afectos, frustraciones, carencias, abundancias, experiencias" (León. 2004; 93).

La experiencia modifica la manera en que se percibe la realidad para crearla permanentemente, Maturana (2002) hace una referencia al respecto teniendo en cuenta que la realidad se construye desde el mundo que se vive:

> El mundo en que vivimos es un mundo [...] que surge en la dinámica de operar como seres humanos [...] el mundo que uno vive se configura con otros [...] uno siempre es generador del mundo que uno vive [...] el mundo que uno vive es mucho más fluido de lo que parece. (Maturana. 2002; 31)

El cerebro, en este proceso de construcción de la realidad escénica en danza y teatro, mediado por la experiencia artística, disloca su carácter premonitorio, ya que él está diseñado para la premonición; no de otro modo se entiende la capacidad de acción y de reacción, para los seres que dependen del movimiento esto resulta vital. "La predicción es crucial para que el cerebro genere un movimiento activo, no solo orientado hacia una meta, sino también como función básica de ahorro de tiempo y energía" (Llinás. 2003; 28-29). En este proceso se da paso a ese sublime momento donde empieza la construcción del saber para saber hacer con el cuerpo; es un desafío a las emociones, sentimientos y a los bocetos corporales impregnados de metáforas y miradas diversas sobre lo conocido, que ofrece otras posibilidades de comprensión a lo que está por conocerse. Las emociones y las acciones son igualmente propiedades del cerebro, por tanto, son afectaciones del pensamiento.

> Las emociones se encuentran entre las más antiguas propiedades del cerebro. Se efectúan en el rinencéfalo…, cuya actividad soporta no sylo nuestros sentimientos emocionales, sino también un conjunto de posturas motoras, autonómicas y endocrinas, que probablemente evolucionaron para disponer a la acción y como manera de señalización social de la intencionalidad [...] de tal manera que su caracterización universal puede ser reconocida por la mayoría de las culturas. (Llinás. 2003; 182 - 183)

En este sentido la experiencia artística en danza y teatro, es un lugar de tensión entre la realidad incorporada y aprendida del mundo que se vive con la realidad que se crea en escena. No se trata, por tanto, de imitar ni de reproducir lo que ocurre, sino de comprender los múltiples significados que tiene la producción simbólica del entorno para proponer analogías que develan otras formas de ver y entender la condición humana para ser interpretadas y representadas desde y con el cuerpo en escena. Pasar de la experiencia de la realidad aprendida a la creación de la realidad en escena, imbrica una concepción diferente sobre los alcances de lo pedagógico desde una perspectiva holística.

La pedagogía, se ubica en el campo de la enseñanza, en relación directa con el conocimiento, la sociedad y la cultura; en este sentido, la pedagogía conceptualiza, aplica y experimenta los conocimientos referentes a la enseñanza de los saberes específicos de las diferentes culturas, piensa en lo impensado, lo marginal, desde el afuera, para comprender lo que se aprende. Se refiere tanto a la manera cómo la enseñanza genera el aprendizaje para que el ejercicio del conocimiento, en la interioridad de una cultura, sea un espacio de transformación, toda vez que la pedagogía es un espacio de reflexión sobre el ser, el saber y el hacer de una cultura. (Zuluaga, Echeverri, Martínez, Quiceno, Sáenz y Álvarez, 2003, p. 36)

Así mismo, la enseñanza como acontecimiento equivale a decir que lo ocurrido está revestido de importancia, merece ser considerado en su momento y lugar, porque además trasciende el momento y el lugar; visto así, se produce un desplazamiento, una cierta deslegitimación de sus efectos muchas veces homogenizadores y predecibles, para trasladarla a los límites del territorio donde la incertidumbre y la certeza entran en juego con el pensamiento, con las propuestas, las acciones, las reacciones, los aciertos, los fracasos, elementos que darían al educador, un nuevo mundo de posibilidades por descubrir. La enseñanza, vista de esta manera, tendría sobre el aprendizaje, la función equivalente de la palabra en el habla, parafraseando la cita de Ranciére (2006)[22]:

La enseñanza construye, crea y transforma realidades que fueron pensadas e imaginadas para sí mismo, compartidas, las realidades se enriquecen con la experiencia, con el pensamiento y la imaginación del otro, navegan, no se detienen. La enseñanza deja de ser algo único para convertirse en muchas cosas a la vez a través del aprendizaje; en nuevas

---

22  Ranciére, (2006, p. 67 – 68), citando un texto del *Droit et philosophie panécastique*, p. 11-13.

miradas del mundo, y la realidad se fecunda desde cada sí mismo que aprende, vuelve a ser imaginada de muchas maneras a la vez, se traslada y generalmente regresa transformada a quien enseña e inicia nuevamente su camino. Así se enseña y se aprende al mismo tiempo. El que enseña deja de ser dueño de su saber y en parte de sí mismo, porque el enseñar está impregnado de experiencia, de emoción, de sensación. El que aprende no solo valora el saber sino también a quien enseña.

Freire (1970 - 1982) define a esta manera de enseñar Educación Liberadora. En tanto pedagogía, utiliza estrategia de interacción dialógica entre el docente y el estudiante. No hay conocedor absoluto, ni subordinación al conocimiento. Se pone en crisis la autoridad que oprime, cuestionándola en su condición represiva y de sometimiento del otro. Se aprende con el otro. El maestro enseña -aprendiendo, en tanto el aprendiz a su vez enseña mientras aprende.

Enseñar aprendiendo y aprender enseñando es parte de ese equilibrio en las relaciones de poder al interior del aula. Las artes escénicas, danza y teatro, asumen la doble connotación que tiene para la pedagogía la enseñanza: el que enseña requiere de una mirada investigativa en tanto que reflexiona críticamente sobre su quehacer (la obra, el cuerpo, la palabra, el lenguaje escénico, la metáfora) para producir conocimiento sobre la realidad que se busca representar, y el que aprende responde con los mismos recursos, se busca superar la imitación y la repetición. Cada ejercicio explora nuevas posibilidades de representación, en sí de creación. La enseñanza, y por supuesto el aprendizaje, recurre a diversas acciones y diferentes miradas e interpretaciones de forma simultánea, para confrontarse al interior del proceso y se reflexiona a partir del resultado, de las dudas, de los aciertos, en los descubrimientos, para luego trasladarse a otros espacios de validación.

El saber, la enseñanza y el aprendizaje están determinados, como se mencionó anteriormente por el pensar, están construidos por la manera en que se simboliza, se comprende y se imagina la realidad para transformarla. La educación artística fundamenta su valor social en la posibilidad de decir lo que se piensa en condiciones de libertad. Por tanto, le es inherente el hecho de que se ampare en el ejercicio de la libertad de pensamiento y de expresión: "una escuela concebida como propicia para la creatividad, tendrá la necesidad de ofrecer un ambiente favorable para el ejercicio de la libertad, especialmente desplegado en el pensar y el expresar". (León. 2004; 92)

Pensar, para ubicar algún contexto de referencia, es situar uno de tres lugares para su observación: primero, relacionado con la intuición, la percepción y la conjetura (imaginación); segundo, cuando se adopta una postura para tomar una decisión que se comunica (dictamen) o se hace efectiva (acción), sobre lo tangible e intangible, a partir de consideraciones propias, surgidas en la experiencia cotidiana o especializada; tercero, que es más íntimo y tiene que ver con el deseo, la intención y la expectativa. Estos lugares de observación, en lo que respecta al pensar, no están separados, sólo emerge uno por encima de los otros. Bruner (2001) denomina a estos lugares, productos del pensamiento, ya que dependen, a su vez, del acto de pensamiento que se produce en las condiciones en que este ocurre. Esta concepción del pensar afecta la manera como se trata la obra artística en la relación enseñar aprendiendo, abarca la creación, pero sobre todo la comprensión del sentido histórico - social y cultural de ella.

Ninguna obra artística es ingenua, ni se queda solo en la forma, porque es el resultado de una intención que le da sentido, una reflexión sobre fenómenos de la condición humana, que pretende representar el uso de unos recursos de lenguaje simbólico - metafórico.

La danza y el teatro, por utilizar diversos lenguajes del arte, permiten profundizar aún más en la metáfora. El cuerpo en escena es de una metáfora compleja; la música, la palabra, el espacio, el color complementan la narrativa de la puesta en escena; por tanto, se necesita pensar en varias direcciones, focalizar lo que se quiere decir desde cada uno de los lenguajes. Pero, además, lo que se dice tiene implicaciones en el público porque transforma su manera de pensar la realidad. La importancia de la educación artística, además, está en que no solo afecta a quien produce y crea en escena, sino a quien se hace re-creador como espectador.

Finalmente, la definición en torno al pensar se complementa, por una parte, con el aporte que hacen De Zubiría y De Zubiría (1999) en el que el pensamiento se refiere a la manera como se establecen relaciones mentales, re-presentaciones entre las cosas, sean estas tangibles o intangibles (incluidas las personas); y, por otra parte, el aporte de Vigotsky (1999), cuando hace referencia a la imaginación, ya que ésta se refiere a la experiencia que se tiene con el entorno y las elaboraciones mentales que ella produce. De este repertorio de imágenes mentales y de experiencias, junto a la necesidad de re-crear la realidad que se comprende, surgen multiplicidad de relaciones poco comunes entre las cosas. Es esto lo que Vigotsky (1999) define como imaginación. Así, el pensar en educación artística no es solamente un asunto de espontaneidad, o de capricho; es el resultado de formular expectativas y fomentar otras miradas, críticas y reflexivas del mundo y de la realidad.

Por su parte, la danza y el teatro, requieren que este pensamiento -que se materializa en la puesta en escena-, fusione el cuerpo, la expresión, la percepción y la comunicación. En este sentido, la pedagogía para pensar en educación artística, surge como un concepto relevante, más allá del mismo significado de pedagogía, porque busca establecer relaciones desde, con y hacia los otros, y porque ofrece elementos de análisis que atraviesan casi cualquier proceso educativo en la escuela, pero además porque no se queda en la reproducción social de conocimiento, sino que se vale de ese conocimiento, para trasladarse al ejercicio y práctica propia de la producción social de conocimiento, que para el caso se sustenta en el lenguaje y pensamiento artístico; este aprender desde el arte corresponde a la experiencia artística.

La experiencia artística, por la vía de la pedagogía para pensar, permite explorar, descubrir, profundizar tanto desde el acierto, como desde el error. El fundamento está en que cada elaboración que culmina, es el inicio de otra etapa, no es acumulativo, porque no se deja de lado lo aprendido, al contrario, es un insumo para mejorar los procesos de creación. Se construye sobre lo construido, pero además es necesario volver cada vez para deconstruir, reelaborar y reflexionar el sentido que tiene lo aprendido, cuando se emprende otro reto. Esto aplica, por supuesto, tanto para enseñar como para aprender. Quien enseña y quien aprende necesitan estar en estado de alerta para comprender el proceso, el estado de las cosas y estar en las mejores condiciones para la creación.

La definición de pedagogía para pensar que se desentraña en el presente texto, procura tener un amplio margen de maniobrabilidad en su interior, de modo que trascienda a la educación artística y pueda llegar a otras áreas de conocimiento. Para el caso se define como:

La perspectiva pedagógica que ubica el saber como acontecimiento en el proceso de enseñar y aprender holísticamente, a partir del acto creativo escénico, e instaura la producción simbólica y metafórica del cuerpo en escena, como construcción cultural permanente a través de la experiencia artística.

Esta perspectiva de la pedagogía trasciende la escuela y el aula, porque ningún saber es exclusivo de la escuela. Basta ubicar en un lugar determinado el saber, para que ella (la pedagogía) adquiera unas características propias de desarrollo, fundamentalmente porque cada tipo de saber determina unas prácticas y experiencias propias.

> El saber se pone en relación con una disciplina que posee conceptos, campo de aplicación, problemas propios o planteados a ella por otros saberes, y relaciones con otras disciplinas [...] dotando así a la discusión de herramientas conceptuales que produzcan a su vez nuevos conceptos, propuestas, observaciones y críticas. (Zuluaga, et al. p.36)

El saber varía en las disciplinas artísticas, bien sea por el sistema de representación que utiliza en el contexto (espacio-temporal) en el que se produce o por las condiciones culturales en las que el saber artístico se produce, se reproduce o se transforma socialmente, haciéndolo diverso y en ocasiones contrapuesto en un mismo lugar o época, pero lo que sí resulta común a todas las disciplinas artísticas es el uso de un lenguaje simbólico-metafórico. La producción artística tiene como hecho connatural su permanente validación, dado que al ponerse en circulación requiere renovar constantemente la mirada sobre lo establecido para trascender la frontera en la que se enmarca ese saber. Cada propuesta dentro de cualquier disciplina del arte busca presentarse como experiencia única e irrepetible al espectador, porque el acto creativo tiene como condición sine qua non la búsqueda de alternativas para afrontar problemas que atañen a los fenómenos de la condición humana, hasta encontrar nuevas relaciones, otras maneras de decir, de hacer y de representar. Visto así, la pedagogía para pensar es un medio que estimula la reflexión, fortalece la experiencia para dar sentido al hacer. Un hacer que se construye desde la experiencia y los conceptos, para transformarse en representaciones simbólicas sometidas al escrutinio y crítica del otro individual y colectivo: el espectador.

El hacer y el saber se conjugan en la experiencia individual y colectiva, como ocurre en las clases de danzas o teatro. En estas clases, la experiencia individual está al servicio del otro, es un laboratorio en el que el saber-hacer determina la producción colectiva de conocimiento. El saber incorporado, hecho cuerpo, es el que otorga el sentido al trabajo escénico. El hacer, en este caso, es la construcción y materialización (tangible e intangible) del saber, orientado a representar los fenómenos de la condición humana que se extraen de la realidad. Por tanto, el hacer, mediado por el saber, es el resultado del pensar respecto a cómo se comprende la experiencia que produce conocimiento artístico para constituirse. En síntesis, es el saber puesto al servicio del saber-hacer.

Incorporar el saber, es decir hacerlo cuerpo, solo es posible mediante la experiencia. Diferentes autores han analizado el tema, para Larrosa (1998), la experiencia no se ubica en un concepto o en una definición. No es lo que pasa, sino lo que nos pasa. Es decir, no es algo que está fuera de sí mismo, sino que le ocurre al sujeto, lo atraviesa en su realidad, lo vive en su cuerpo, lo siente, lo comprende, lo afecta de alguna manera, lo transforma. Pero el sujeto no es solo individual, es también colectivo, así el saber propio se produce desde el saber social (Toro, 2001). Todo saber entendido como acontecimiento compartido, permite confrontar lo ocurrido desde diferentes perspectivas, es decir desde el saber social que se refleja en el saber individual (perspectiva holística). Solo basta, como ejercicio, reconstruir un hecho cualquiera en el que hayan participado diferentes personas para conocer las diferentes versiones con muchos puntos de encuentro, pero también con otros muchos de desencuentro. Cada quien vive el momento desde su propia forma de aprender del mundo. No considerar esto, por ejemplo, en la enseñanza y el aprendizaje, sería perder el potencial de impredecibilidad y espontaneidad inherente a la pedagogía para pensar.

Visto así, la experiencia se constituye en el eje articulador, la relación entre el saber y la práctica son los medios para lograr el saber-hacer. La experiencia en la pedagogía no es un tema nuevo, ha sido lugar de reflexión por parte de diferentes autores, por ejemplo, el ya citado Larrosa (1998). Dewey (2011), por su parte, hace un aporte a la noción de experiencia en la escuela desde la enseñanza, puesta en la perspectiva docente. Para él la experiencia es adquirida y acumulada e intuida en el devenir, porque corresponde a la incertidumbre.

Vigotsky (1999), ubica la experiencia en la realidad como la fuente de la que emana la imaginación, sólo la experiencia con la realidad permite que el pensamiento construya imágenes propias de la realidad, que se codifican y se representan a través de la palabra, la acción con el entorno y la interacción con el otro y con lo otro.

En tanto, para Bruner (2001), la experiencia es en sí un sistema de representación denominado inactivo. La actividad, que no es otra cosa que la experiencia aplicada a algo, tiene implícito un tipo de conocimiento y es previo a otras formas de representación, sea esta icónica o simbólica. Hacer un nudo, como lo enuncia el autor, es un tipo de saber que da cuenta de complejos procesos mentales "lo esencial en este caso es que la representación se expresa por medio de la acción y por ello tiene sus mismas limitaciones, entre las que cabe destacar su carácter secuencial (lineal) e irreversible". (Bruner. 2001; 122)

Gardner (1999), da un lugar especial al cuerpo y a la experiencia como una forma de inteligencia, la denomina inteligencia cinestésico-corporal, e igualmente

> El dominio de funciones simbólicas como la representación (que denota una entidad, como una persona o un objeto) y la expresión (la comunicación de un estado de ánimo, como alegría o tragedia) da a los individuos la opción de movilizar las capacidades corporales para comunicar diversos mensajes. (Gardner. 1999; p. 270)

Cuando estos principios son llevados a la escuela la experiencia se ubica en el saber-hacer, dado que el aprendizaje se da a través de la práctica, "esta es la época en que los niños ansían saber cómo hacer ciertas cosas: quieren aprender a tocar un arpegio, a dibujar un edificio en perspectiva o a escribir un relato de misterio". (Gardner. 1997; 110)

Este principio de la experiencia, tiene su asidero más fuerte en la manera como se aborda la práctica escénica en danzas y teatro. El acto escénico recrea la realidad desde la experiencia haciéndola inacabada y sorprendente. Cada realidad representada es una abstracción tamizada de diferentes experiencias. Pero además porque no se puede prever y anticipar en escena lo que va a ocurrir, así se tenga el texto o la coreografía, en su condición *sine qua non* del acto creativo, cada vez es una única vez. No hay nada más tedioso que una puesta en escena en la que las acciones y reacciones de los personajes están forzosamente restringidas a la manera de una marcha militar, en la que no hay variaciones posibles, la situación se vuelve predecible. Quien está en escena debe estar preparado para lo inesperado, aun siguiendo el libreto.

La dramaturgia de la danza o del teatro, es siempre inesperada, se crea y se re-crea para producir la atmósfera situacional, de acuerdo al sentido y la intención del instante dentro del contexto del texto dramatúrgico y de la situación de escena. El actor y el bailarín literalmente viven lo que hacen en escena, es un hecho orgánico que implica no solo a sus cuerpos sino a la obra misma, a la puesta en escena. Cada actor en el escenario cuenta con un arsenal de vivencias y renueva su repertorio de posibilidades de acción, interacción y representación con cada obra (Fuentes. 2012; Barba. 2013; De Toro. 2014). Un repertorio de experiencias sensitivas, emocionales de orden individual al servicio de los otros, un tejido colectivo de saberes de la realidad, con el que se crea la esfera dramática a través del cuerpo: "El cuerpo es el vehículo del ser en el mundo (escénico)". (Poveda. 1995; p.103)

El significado que tendría la pedagogía para pensar en la escuela y más específicamente en la educación artística, radica en el hecho de que encuentra en los procesos mentales el aliado que entra en resonancia con el saber-hacer y con el cuerpo. Se fija en el cuerpo expresivo del sujeto individual y colectivo, en su sensibilidad, en su pensar, en su emotividad. La danza y el teatro, como disciplinas donde el saber-hacer está situado en el cuerpo, trascienden las formas de maniobrar con el saber porque se transforma desde el ser que lo reelabora o lo produce, y rara vez se limita a reproducir. Aquí se suman múltiples acciones, diversas miradas y diferentes formas de conocimiento.

En síntesis, la pedagogía para pensar no es una perspectiva que propone maneras de enseñar para aprender, como si se tratara de un recetario; al contrario, es un horizonte epistemológico que interroga la forma como se aborda el saber y el saber-hacer a través de la experiencia artística, en el que tienen cabida multiplicidad de posibilidades que ofrece el enseñar aprendiendo, como acontecimiento holístico. Se asemeja a un territorio nuevo en el cual explorar estrategias conducentes a incorporar, en el sujeto social y colectivo, el saber y la realidad mediante la experiencia, fuente y fundamento del conocimiento e insumo del acto creativo que se traduce en metáfora corporal puesta en escena a través de la danza y del teatro.

# CAPÍTULO III

## Innovación en la  educación artística

La innovación en la escuela se presenta como una acción deseable a las intenciones de quien orienta y acompaña el acontecer en el acto creativo, como un proceso que puede lograr transformaciones, según las necesidades del contexto. La innovación evoca otras miradas alternativas a los procesos cognitivos, a las prácticas de enseñanza, a las maneras como se organizan las formas de construcción del saber, con el precepto de hacer oposición a lo tradicional. Siendo lo tradicional todo aquello que se ha mantenido como institución por largo tiempo y no presenta modificaciones, ni la intención de probar algo nuevo, o asumir el riesgo al fracaso, o porque se introducen componentes que hasta el momento no exige la educación (Barrantes, 2001).

Según Barrantes, la innovación se puede entender de dos maneras: una que se refiere a la creación de elementos o diseños externos a la dinámica escolar donde "aparece como una estrategia de dinamizaciyn de todo tipo de proyectos de desarrollo escolar. Se trata de aportar insumos metodológicos y didácticos en campos de saber específicos" (2001; 2). En ocasiones tiene que ver con material físico para el aula o para la escuela, en otras ocasiones con material didáctico que trata de incorporar guías de trabajo de proyectos externos, o con el traslado de teorías de modelos que se tratan de implementar sin responder a necesidades percibidas o estudiadas.

Una segunda manera de entenderla es más cercana a la escuela, tiene que ver con la puesta en escena de un ambiente y/o propuesta educativa, apoyada en elementos teóricos que dan cuenta de un problema interno de la escuela que se espera resolver:

Se trata de generar cambios sobre diversas variables que entran en juego en el proceso de concreción de una propuesta de formación. Implica involucrar aspectos administrativos, de organización escolar, relacione escuela-comunidad, áreas del conocimiento y procesos de formación de los docentes que impulsan la experiencia y su sistematización, como objetos permanentes de reflexión para adecuarse a un determinado sentido de escuela. (Barrantes. 2001; 2)

La innovación se ha convertido en uno de los propósitos fundamentales de la educación en Colombia, el país ha hecho de la innovación una política Educativa. Para eso, el Ministerio de Educación Nacional cuenta con el Sistema Nacional de Innovación Educativa. Este sistema se restringe a la apropiación y uso de las tecnologías en diferentes lugares del territorio nacional, donde su objetivo es desarrollar la capacidad de producción, difusión y aprovechamiento de contenidos educativos digitales estandarizados, a través de una plataforma de generación e intercambio de contenidos y formación del capital humano docente, mediante una malla de gestión de contenidos. Sin embargo, la innovación en educación tiene otras perspectivas y se le puede considerar desde las prácticas pedagógicas en la escuela.

La innovación en educación es resultado de considerar la exploración de solución a las dificultades o problemas como una forma de investigación, en razón a que fractura lo que está estandarizado en la escuela, abre alternativas y perspectivas educativas, produce transformaciones en la enseñanza. La investigadora Gladys Amaya, (en Ortiz, Amaya, Zea, Cuña, Cabrera, Santamaría, et al., 2012), hace un rastreo del concepto de innovación en el ámbito educativo aplicable a la educación artística. Siguiendo a esta autora se encuentra que el punto de partida de una innovación está ligada a cambios suscitados en "procedimientos, estructuras y saberes escolares" (58). Por ende, las experiencias escolares "apuntan a dinamizar no solo la institución sino las prácticas educativas y pedagógicas" (p.58), en un contexto en el que la innovación adquiere sentido como tal, porque a través de ella se busca dar respuesta a "una situación o interés propio de una dinámica escolar (particular)" (59). Lo que puede ser innovador en un contexto con unas necesidades establecidas, no necesariamente lo es en otro contexto; esto es aplicable no sólo al ámbito educativo, sino a la vida cotidiana. Las innovaciones educativas requieren de unos fundamentos pedagógicos, en la perspectiva sociocultural, geopolítica y económica, con los cuales se elaboran principios pedagógicos.

La innovación en la perspectiva habermasiana reconoce en el descubrimiento y el hallazgo algunos elementos que ilustran a qué se refiere la innovación en educación. Se transcriben literalmente las que señala Amaya (2012) por cuanto han sido elaboradas a partir de las categorías de investigación originadas por Habermas:

> **Innovaciones de primer grado, empíricas o analíticas**: hacen referencia a los cambios implementados en la práctica pedagógica desde una racionalidad instrumental o técnica. Se caracterizan por la poca reflexión profunda de la acción.
>
> **Innovaciones de segundo grado o histórico-prácticas con sentido práctico:** hacen alusión a aquellas acciones pedagógicas orientadas por las normas y la reglamentación legal. Los documentos y proyectos documentales que se hacen práctica en la escuela se constituyen en el punto álgido para fundamentar este tipo de innovaciones.

**Innovaciones de tercer grado o crítico-sociales con sentido emancipatorio**: son aquellas innovaciones que se reformulan a través de la interacción crítica de los actores que participan en el proceso de innovación pedagógica, tienden a liberar las capacidades individuales y sociales para potencializar todas las posibilidades del entorno en el cual se realizan. (p. 59 - 60)

En lo que respecta a la innovación en educación artística, Amaya no precisa una idea en concreto, pero logra instalar una síntesis donde los "elementos comunes en la aproximación hacia una conceptualización del arte [...] giran en torno a ideas con fuerza que están relacionadas con la expresión, imaginación, desarrollo del pensamiento contemplativo, capacidad de simbolizar e inventar" (Amaya. 2012; 60).

Si bien se mencionan los elementos comunes, no hay una descripción de ellos pero sí amplía la perspectiva sobre la cual ubica al arte. Cita a Neydalid Martínez (2002), quien señala la relación entre comunicación y creatividad, de modo que, al ser llevada a la práctica educativa se logra "un profundo encuentro humano, se posibilita la desinhibición, característica de lo "caytico", generalmente rechazado en los métodos pedagógicos tradicionales" (p. 62); en este rechazo a los métodos tradicionales descansa la idea de innovación en educación artística, sin que sea completamente explícito.

Neydalid Martínez (2002) deja claro el sentido de la innovación y su relación con el arte en la escuela:

Ninguno de los proyectos apuntaba al arte por el arte ni a desarrollar explícitamente habilidades o competencias artísticas en los estudiantes. Los procesos que se buscaban fortalecer estaban relacionados con aspectos convivenciales, expresivos y de hábitos en los estudiantes. Así las cosas, se puso de manifiesto la potente posibilidad que tiene el arte de jalonar otros procesos y dimensiones en el ser humano. (p. 62)

La educación artística, se fortalece en el debate continuo, está en permanente renovación. Si bien no es claro el propósito de ella en la escuela, sí lo es para el docente-artista. Generalmente las prácticas por parte de los docentes de artes, trascienden tiempos y espacios escolares, con un propósito definido, a pesar de los preceptos mismos de las condiciones del contexto: "a la educación artística se le atribuyen objetivos muy diversos (y a menudo contradictorios), además de unos supuestos resultados, con unas bases teóricas muy débiles que sustentan dichos propósitos". (Bamford. 2009; 55)

Pero no en todas partes ocurre lo mismo, en algunos lugares del mundo se han procurado acuerdos respecto a lo que las personas hacen en su relación con las artes, lo que puede servir de referente para ajustarlos a las condiciones de nuestra realidad. Al respecto, Eisner (cp. Jiménez, Aguirre y Pimentel, 2011; p70), declara que son cuatro las relaciones a tener en cuenta al momento de ubicar el arte en la escuela: crearlo, apreciar sus cualidades, encontrar su lugar en la cultura y en el tiempo, y exponer y justificar sus juicios acerca de su naturaleza, sus méritos y su importancia.

Por tanto, el arte no es un espacio de tiempo en el que se dictan temáticas específicas o se presentan muestras de productos artísticos en medios audiovisuales, o sencillamente se asiste a eventos artísticos dentro de los tiempos asignados a la educación artística. Se trata más bien de explorar posibilidades de enseñanza y aprendizaje a través de la experiencia artística. Las características señaladas por Eisner, como elementos dirigidos a transformar las percepciones y representaciones de la realidad, son confirmados por Giráldez (2011)

> Aún estamos lejos de encontrar un modelo ideal de educación artística, es indiscutible que la relación artes-escuela se va transformando lentamente. Los cambios sociales, culturales y tecnológicos, la influencia de un entorno basado en la comunicación visual y auditiva y las nuevas ideas sobre desarrollo cognitivo,

creatividad o aprendizaje, pueden llevar a que la educación artística pierda, al menos en teoría, su carácter marginal y pase a ser considerada base necesaria en la formación integral de las personas. (Giraldez. 2011; p. 73)

La perspectiva que se da en torno a la educación artística es, en tanto lenguaje y pensamiento simbólico-metafórico. Si bien los símbolos pueden constituir un método eficaz para comunicar, información, conocimientos y creencias (Bamford. 2009; p. 40), se está refiriendo a los discursos a través de representaciones lingüísticas. Ella misma confirma esta perspectiva "Las artes pueden comunicar a través de medios no discursivos, mediante un vocabulario visual, musical y dramático a la vez expresivo, cultural y simbylico" (p. 40).

En este sentido, diversos autores ubican el carácter comunicativo del arte, pero también desde ahí es posible ubicar a la Educación Artística como una forma de conocimiento. En este enfoque, lo simbólico se ubica en el mismo plano de representación de los conceptos y lo metafórico en la posibilidad de desagregación de los atributos de las cosas a través de las cuales se establece la analogía:

El símbolo-concepto es una abstracción reconocible en las cosas tangibles e intangibles del entorno socio-cultural, las prácticas y las creencias de las personas; las comunidades construyen recursos y estrategias para representarlos, preservarlos y reproducirlos. Las metáforas, en tanto, son analogías a través de las cuales se representan los fenómenos de la realidad, que afectan y determinan la condición humana, para conocerlos, aprenderlos y comprenderlos. (León. 2012; 9)

Los conceptos se toman como algo que se aprende y se repite, pero poco se analizan como un recurso humano para pensar (Eisner. 2002; p. 107). Esta mirada corresponde a la dinámica propia del saber hacer del arte en el pensamiento.

El arte involucra una interacción con el pensamiento simbólico, que lleva al ser humano a reconocer su capacidad metafórica y analógica como procesos mentales para explicar o dar solución a problemas, es decir, a representar su forma de inteligencia.

La educación artística por su naturaleza de lenguaje y pensamiento simbólico-metafórico, exige una mirada concreta a las didácticas, metodologías y formas de evaluación, que deben responder a sus necesidades. Esta alternativa se encuentra en el pensamiento divergente. Con prácticas pedagógicas que lleven a reconocer nuevos caminos, en busca de posibilidades de enseñanza que contribuyan a la incorporación y desarrollo de la expresión simbólica y el reconocimiento de otras formas de representación mental en los lenguajes del arte, que afecten tanto al sujeto en lo individual y lo social.

Los mecanismos que ponen en marcha la innovación, se centran básicamente en elementos de la creatividad como alternativas que ofrecen sus procedimientos para las estructuras del saber artístico, y el propiciar un amplio acceso a la aprehensión y comprensión del mundo y la realidad del estudiante.

La innovación en educación artística es una forma de indagación y apropiación desde la cual se reflexiona sobre los procedimientos, estructuras, posibilidades y alternativas que ofrece la experiencia artística en la escuela, en tanto lenguaje y pensamiento simbólico-metafórico, y como forma de conocimiento fundamental desde la cual se amplía la posibilidad de comprender e interactuar con el mundo.

Es así como la innovación en educación artística se evidencia en el desarrollo del pensamiento creativo, genera expresiones lúdico-estéticas que produce cambios en el contexto socio-cultural. Todas las manifestaciones artísticas, técnicas, movimientos y teorías estéticas representan la capacidad innovadora de cada momento histórico cultural. En este sentido el ser humano busca nuevos esquemas de representación simbólica como función propia del pensamiento.

Cualquier expresión simbólica involucra las características del pensamiento creativo. Todo desarrollo simbólico en el ser humano ha pasado por unos procesos o fases del acto creativo, y la escuela no puede desconocer estos procesos, ni proponer metodologías ajenas a la realidad cognoscitiva que vive el sujeto cuando evoca su imaginación y su fantasía para relacionarse con su contexto. La pregunta que hace Gardner (1999) ¿Por qué no limitarnos a seguir haciendo lo que hemos hecho siempre? sugiere una dinámica diferente de proponer nuevos métodos educativos, teniendo en cuenta la realidad no sólo cultural e histórica, sino también la misma evolución de la mente humana.

La innovación pedagógica y más en el caso de la educación artística, no solo es de forma externa, requiere de acontecimientos que provoquen cambios en el ser humano para transformar su realidad. Bartra (2006) propone que, cuando hace referencia a la capacidad de afectación de las estructuras simbólicas que provienen de la sociedad, estas circulan por el sistema nervioso central, se instalan para la consolidación del acto creativo, que finalmente se constituyen de nuevas formas de representación simbólica.

Indica que el cerebro sólo puede procesar señales mientras que el ser humano esté seguro de que los circuitos sociales y culturales pueden operar tanto con símbolos, como con señales. Esta relación directa de las estructuras simbólicas de la sociedad con el cerebro humano, operan en la mente, y generan nuevas formas de interpretación y relación con los símbolos; acciones que luego de una interacción, pueden provocar otras representaciones, procesos mentales y por lógica otras posibilidades de expresión simbólica. La escuela, entonces, no puede desconocer este proceso biológico que puede desarrollar la mente, pero que, en caso contrario, lo que logra es estar de espaldas a la dinámica misma del desarrollo humano.

La innovación en las artes escénicas se establece desde la postura de la transformación constante y cíclica que tienen las comunidades, por ende se deben estar actualizado en los contextos y grados generacionales donde se les permita establecer estrategias del pensamiento creativo. Así, ésta se da según la originalidad, flexibilidad, recursividad y fluidez que -junto con la complicidad y confianza del sujeto-, llega a la capacidad de riesgo para la creación escénica.

De esta manera se identifica la relevancia de la innovación educativa para las artes escénicas en la escuela, las cuales sugieren que los procesos de pensamiento aportados desde la educación artística se convierten en procesos alternativos que permiten la construcción colectiva como insumos del tejido cultural.

# CAPÍTULO IV

## Reflexiones pedagógicas para el teatro y la danza en la escuela

Desde los planteamientos conceptuales de *Pedagogía para pensar, Innovación y educación artística para la danza y teatro escolar*, se reconoce, la pertinencia e incidencia del arte en la escuela como una alternativa de abordar procesos de enseñanza-aprendizaje, con posibilidad de integralidad curricular. Paralelo a la posibilidad de estimular procesos de pensamiento y formación interdisciplinaria holística.

La pedagogía para pensar propia de la educación artística, ofrece elementos de análisis que atraviesan cualquier proceso educativo en la escuela. Para la acción educativa desde cualquiera de los puntos de vista en que se le ubique, es un supuesto generalizador, es decir, abarca no sólo el campo disciplinar del arte sino el de cualquier otra disciplina.

En el campo educativo, la pedagogía para pensar expande el concepto de enseñanza, igualmente aplica y experimenta los conocimientos referentes desde el acontecimiento, lo que ocurre en el aula, pero que también modifica lo que sucede al sujeto individual y colectivo y por tanto al entorno y la realidad que se construye. La pedagogía para pensar, desde esta perspectiva, interroga e incita a pensar en lo impensado, a través de unas prácticas pedagógicas que develan las formas de conocer, de comprender y de aprender un saber específico en el marco de una cultura, desde la perspectiva del enseñar aprendiendo, en unas condiciones de contexto (espacio-temporal) determinadas.

En la pedagogía para pensar aplicada a la educación artística, se reconoce la posibilidad de la relación interdisciplinar, como una forma de reorganizar las ideas, los pensamientos y en este caso, la relación de las sensaciones y el concepto del mundo con la posibilidad de modificar formas simbólicas inherentes a la danza y al teatro. Esta forma de abordar el pensamiento revela otras maneras de adquirir el conocimiento, afectando al estudiante y al docente dentro de su contexto, y relacionándolo con otros saberes que no son institucionalizados, pero que son tan válidos como la academia misma.

Cuando se inicia con un proceso de enseñanza-aprendizaje ¿se cuenta con un soporte conceptual sobre la educación artística?, ¿se establece relación con el contexto y se tienen en cuenta los niveles de representación mental de los sujetos en su cultura?, ¿existe una reflexión teórica y una relación con la práctica?; debe ser el inicio de una larga lista de preguntas para ser abordadas desde una pedagogía para pensar.

Desde la pedagogía para pensar, se reconoce la función que tiene la educación artística en la escuela, en la formación holística, en el sentido del saber dentro de su territorialidad, estableciendo su carácter interdisciplinar, expresivo, simbólico y de desarrollo cognitivo. Por lo tanto, el arte en la escuela, se constituye como una posibilidad de alimentar en los sujetos acciones creativas, investigativas y críticas, como alternativa que contrarreste las tendencias masificadoras que impactan la cotidianidad de la escuela a través de los medios masivos de comunicación.

Las artes escénicas han tenido un lugar importante en la formación en el interior de la escuela, ahora desde esta mirada se da un lugar en el campo del conocimiento, dando importancia a la creación artística en los cuerpos de los sujetos que se convierten en metáfora corporal y que se alimentan de símbolos que registran su condición humana, incidiendo en su transformación cultural.

# BIBLIOGRAFÍA


Álvarez, Y. (2010). Módulo para el Desarrollo del Pensamiento Simbólico, Bogotá: ASOPENSAR, Universidad Javeriana.

Amaya, G. Artículo: Arte y lúdica en la escuela: retos y posibilidades de innovación. En Ortiz, et al (2012).

Avendaño & Angulo (2010). Una mirada a la dramaturgia infantil colombiana. Revista [Pensamiento], [palabra]_ y oBra. Febrero de 2010. Universidad Pedagógica Nacional. Bogotá D.C.

Ayala, C; Orrego, J.; Ayala, J. (2014). Las prácticas evaluativas como proceso holístico en y con el otro. Revista Folios No 40, Julio - diciembre 2014, p. 31 - 44. Universidad Pedagógica Nacional. Bogotá.

Bamford, A. (2009). El papel de las artes en la educación. España: Editorial Octaedro.

Barba, E. (2013). La canoa de Papel, tratado de antropología teatral. Biblioteca Teatro Laboratorio. Editorial Artezblai.

Barrantes, R. (2001). Las innovaciones educativas: escenarios y discursos de una década en Colombia. Estados del Arte de la Investigación en Educación y Pedagogía en Colombia. Tomo I. Icfes, Colciencias, Sociedad Colombiana de Pedagogía-SOCOLPE-. Bogotá.

Barrera, M (1990). Holística, comunicación y cosmovisión. Fundación Sypal-Fundacite Anzoátegui: Caracas, Venezuela.

Bartra, R. (2006). Antropología del Cerebro. México: Fondo de Cultura Económica. Betancur, M. C. (2006). Metáfora y ver cómo, la creación de sentido de la metáfora. Manizales: Universidad de Caldas, colección Artes y Humanidades.

Bourdieu, P. (2004), El Baile de los solteros. Barcelona: Anagrama.

Bruner, J. (1996). Realidad mental y mundos posibles. Barcelona, España: Gesida.

(2001). Acción, pensamiento y lenguaje. Comp. De José Luis Linaza. Madrid: Ed. Alianza.

Cantú, M. (SF). La dramaturgia de la dramaturgia. Recuperado de:

http://www.dramared.com/Dramared/Articulos.html

Castaño, M. (2000). El juego de la expresión dramática. Bogotá, Colombia: Ediciones palimpsesto.

Chomsky. N. (1994). El conocimiento del lenguaje. Barcelona: Altaya.

Constitución Política de Colombia de 1991. Disponble en:

https://www.ramajudicial.gov.co/documents/10228/1547471/CONS-TITUCIO N-Interiores.pdf/8b580886-d987-4668-a7a8-53f026f0f3a2

Delgadillo, J. (1995). A Escondidillas, Montajes Teatrales Infantiles. Editorial Magisterio, Bogotá D.C.

Delgadillo, J. (2009). Procesos formadores y creadores en el encuentro escolar de teatro infantil y juvenil EntrEscena, Revista Educarte, Santiago - Chile. Julio 2009.

Delgadillo, J; Gallo, P.; Álvarez, Y.; Velasco, O.; Morales, P.; Leyva, L. (2011). La educación teatral en la escuela: ¿necesidad o exigencia?, Primer Encuentro

Nacional y Segundo Encuentro Distrital de Investigación,

Interdisciplinariedad y Pedagogía Artística, Universidad Distrital, Bogotá D.C., 3 y 4 de noviembre 2011.

De Toro, F. (2014). Semiótica del Teatro, del texto a la puesta en escena. Paso de Gato. México D.F.

Dewey, J. (2011). Selección de textos. Medellín: Ed. Universidad de Antioquia.

De Zubiría, M & De Zubiría J. (1999). Biografía del Pensamiento. Bogotá: Editorial Magisterio.

Eisner, E. (2002). La escuela que necesitamos. Buenos Aires. Amorrortu.

Fernández, H. (2005). ¿Cómo interpretar la evaluación Pruebas Saber? MEN. Disponible: http://www.colombiaaprende.edu.co/html/mediateca/1607/articles-91485_archivo.pdf

Festival artístico escolar (2010). Disponible: http://www.festivalartisticoescolar.org/ Franklin, E. (2006). "Danzas, acompañamiento físico". Barcelona: Editorial Paidotribo.

Freire, P. (1982). Pedagogía del Oprimido. México: Ed. Siglo XXI.

(1970). Educación como Práctica de la Libertad. Ediciones Convergencia. Bogotá

Fuentes, A. 2012. El dramaturgista y la deconstrucción en la danza. Bogotá: Icono. Gardner, H. (1999) Las Inteligencias Múltiples, Estructuras de la Mente. Colombia: Fondo de Cultura Económica.

Giráldez, A. (2011), Aproximaciones o enfoques de la educación artística. OEI, Metas educativas2021.(P.69-73).Recuperado de: http://www.oei.es/publicaciones

González, A y González, C. (2010), Educación física desde la Corporeidad y la motricidad. Hacia la promoción de la salud, Volumen 15, No 2, Julio -Diciembre de2010, págs.173-187.Disponible en: http://www.scielo.org.co/pdf/hpsal/v15n2/v15n2a11.pdf

ICFES. (2013). Sistema Nacional de Evaluación Estandarizada de la educación.

Alineacióndelexamensaber11°.Diponible en:

www.icfes.gov.co/index.php/docman/...y.../saber-11/...alineacion...saber-11

(2015). Lineamientos generales para la presentación del examen de estado saber 11. Disponible en: http://www.icfes.gov.co/docman/estudiantes-y-padres-de-familia/guias-y-ejemplos-de-preguntas/saber-11-1/guias-1/1225-lineamientos-generales-para-la-presentacion-del-examen-de-estado-saber-11-2015/file?force-download=1

Iwai, K. (2002). Contribución de la educación artística en la vida a los niños. En Revista Perspectivas, No 124. Dossier La educación Artística, un desafío a la uniformización. UNESCO.

Jiménez, L, Aguirre. I, Pimentel, L. (2011). Educación artística, cultura y ciudanía. Publicación de la OEI. Recuperado de: http://www.oei.es/publicaciones Kandinsky, V. (1994). Punto y línea sobre el plano. Colombia: Labor. Larrosa. J. (1998). La experiencia de la lectura. Editorial Laertes. Barcelona. León, H.; Gallo, C.; Álvarez, Y.; & Delgadillo, J.: (2012). EntreEscena, El Carácter Educativo del Teatro en la Escuela. II encuentro Nacional de investigaciones y Experiencias en Educación Artística, Universidad Distrital, memoria de la ponencia en prensa. Bogotá.

León, H. (2004). Educación Artística y Desarrollo del Pensamiento Creativo.

Bogotá: Fondo Rotatorio PONAL.

(2008). La dicotomía cuerpo - mente en la estructura curricular, como factor determinante de la producción de los procesos de pensamiento de los estudiantes del colegio República de Guatemala, sección primaria. Tesis para optar el título de Maestría. Universidad Distrital Francis José de Caldas. Bogotá

(2012). Xixumpañilá, o la aventura de la palabra en el desarrollo del pensamiento desde la Educación Artística en tanto lenguaje. IDEP, Artículo finalista Concurso Innovación e Investigación 2012.

(2014). El papel del micro relato dramatúrgico en la formación de ciudadanía crítica. Reconocmiento especial VII Premio a la Innovaciòn e Investigaciòn IDEP.

Ley general de Educación, Ley115 de1994. Disponible en:

http://www.banrepcultural.org/blaavirtual/educacion/leyedu/1a35.htm

Ley general de Cultura, Ley397, de1997.Disponible en:

http://www.bibliotecanacional.gov.co/rnbp/sites/default/files/attach/ page/ley_ 397_de_1997.pdf

Lleras (2010). Del educar al pedagogiar. Polis, Revista de la Universidad

Bolivariana, vol. 9, núm. 25, 2010, p. 235-242. Universidad Bolivariana, Chile.

Llinás, R. (2003). El cerebro y el mito del yo. Editorial Norma. Bogotá Luria, A. (2000). Conciencia y lenguaje. Madrid: Visor.

Maturana, H. (2002), El sentido de lo humano. Editorial Oceano. España. MEN (2000). Lineamientos Curriculares, Educación Artística.

MEN (2010). Orientaciones pedagógicas para a educación artística en básica y media.

Merchán, Castaño y Carrillo. (2008). Implicaciones del Carácter Cognitivo del Arte en la Educación Artística: Escénica, Musical y Visual. Pensamiento, Palabra y Obra 1 (1). Bogotá: Universidad Pedagógica Nacional.

Monroy, M. (2003). La danza como juego, el juego como danza. Una pregunta por la pedagogía de la danza en la escuela. Educación y Educadores, número 6, p.159-167. Universidad de la Sabana.

Montes, G. (2001). La frontera indómita. México: Fondo de Cultura Económica.

Moreira, M. (2005). Aprendizaje significativo crítico. En Indivisa, Bol. Estud. Inves. No 6. Recuperado de: http://www.festivalartisticoescolar.org/

Moya, C. (1995) Hacia una danza educativa. Perfiles Educativos, núm. 68, abril-junio, Instituto de Investigaciones sobre la Universidad y la Educación. México.

Olaya, O., Corredor, M., Cárdenas, A., León H., Páez, S., Ardila y otros (2011). Experiencias artísticas que transforman contextos en los colegios de Bogotá. Bogotá. Secretaría de Educación del Distrito Capital.

Ortiz, Amaya, Zea, Cuña, Cabrera, Santamaría, & otros (2012). Innovar en la Escuela, una propuesta transformadora de la enseñanza y del aprendizaje. Bogotá: Imprenta Distrital, IDEP. Bogotá.

Poveda, L. (1995). SER O NO SER Reflexión antropológica para un programa de Pedagogía Teatral. Madrid: Narcea Ediciones.

Rivadeneira, E. (2013). Modelo investigativo integrador derivado de la Investigación holística. Negiotum, vol 9, Núm. 26, septiembre - diciembre, 2013, pp. 116 - 142. Fundación Miguel de Unamuno y Jugo. Maracaibo, Venezuela.

Romeo, J. (2001). Los objetivos fundamentales transversales en busca de un currículo holístico. Revista estudios pedagógicos, núm. 27, 2001, pp 119 -130. Universidad Austral de Chile, Valdivia, Chile.

Romero, J. (2015). Aquello que llamamos danza: Danza-ritual y "danza artística" en Oruro, Bolivia. Calle14: revista de investigación en el campo del arte, vol. 10, núm. 16, mayo-agosto, 2015, pp. 14-27. Universidad Distrital Francisco José de Caldas. Bogotá, Colombia.

SED (2014). Currículo para la Excelencia y la formación integral, orientaciones generales. Secretaría de Educación del Distrito. Disponible en: http://www.juntosconstruyendofuturo.org/uploads/2/6/5/9/26595550/orientaci ones_generales_40x40_marzo_2014.pdf

SED (SF). Currículo para la Excelencia y la formación integral, Lineamientos para el Área de Educación Artística. Secretaría de Educación del Distrito. Disponible en: http://www.educacionbogota.edu.co/archivos/Temas%20estrategicos/Documentos/ Orientaciones_Artstica_Marzo_19.pdf

Sach, C. (1967) Historia Universal de la danza. Buenos Aires, Argentina: Ediciones Centurión.

Scwartz, L. (1979). El concepto de estadio en la teoría epistemológica de Jean Piaget. [En línea] Revista de Psicología, 7, p. 44-46. Disponible en: http://www.fuentesmemoria.fahce.unlp.edu.ar/art_revistas/pr.2434/pr.2434.p df

Stanislavski, K. (2012). Un actor se prepara. Editorial Diana. México D.F.

Tambutti, S, (2008). En Itinerarios Teóricos de la Danza. Aisthesis, núm. 43, 2008, pp. 11-26, Pontificia Universidad Católica de Chile. Recuperado de: http://www.redalyc.org/articulo.oa?id=163219835001

Toro, B. (2001). La comunicación y la movilización social en la construcción de bienes públicos. Instituto Interamericano para el Desarrollo Social (INDE). Banco Interamericano de Desarrollo Social. Disponible en: https://publications.iadb.org/bitstream/handle/11319/1215/La%20comunicaci%C3%B3n%20y%20la%20movilizaci%C3%B3n%20social%20en%20la%20construcci%C3%B3n%20de%20bienes%20p%C3%BAblicos%20(I-25).pdf?sequence=1

Trozzo, E., Vigiani, S., Sampedro, L. (2003). Dramaturgia y Escuela II. Obras teatrales por, para y con adolescentes. Colección teatro y pedagogía -Instituto Nacional del Teatro - FAD. Buenos Aires.

Vargas, J. y Rubio, J. V. (2015). Jornada 40X40, sistematización y análisis de la experiencia piloto. Investigación IDEP, Imprenta Distrital. Bogotá. Velásquez, C. (2011). Investigación holística: alternativa integradora en ciencias sociales. SABER, revista multisdisciplinaria del Consejo de investigaciòn de la Universidad de oriente, Vol 23. Núme 2, Julio - Diciembre de 2011. Universidad de Oriente. Cumaná, Venezuela.

Vigotski, L. (1999). Imaginación y creación en la edad infantil. Ciudad de la Habana: Ed. Pueblo y Educación.

(1999) Pensamiento y Lenguaje. Ciudad de la Habana: Ed. Pueblo y Educación.

(2005). Psicología Pedagógica. Buenos Aires: Aique Grupo Editor.

(2005). Psicología del arte. México: Distribuciones Fontamara.

Zuluaga, O., Echeverri, A., Martínez, A., Quiceno, H., Sáenz, J. & Álvarez, A. (2003). Pedagogía y Epistemología. Ed. Magisterio. Bogotá.